創価学会
教学要綱

池田大作先生 監修

創価学会

発刊にあたって

創価学会は、『法華経』に基づき誰もが幸福に生きるための法を説いた日蓮大聖人の教えを信奉する仏教団体です。一九三〇年十一月の創立以来、初代会長・牧口常三郎先生、第二代会長・戸田城聖先生、第三代会長・池田大作先生の指導のもと、大聖人の教えを現代に展開・実践し、個人の人生や広範な社会に善なる価値を創造することを目指してきました。

その中で、創価学会は、一九九一年十一月二十八日、それまで外護していた日蓮正宗という教団から名実ともに独立しました。もとより創価学会は、一九五二年九月、戸田先生の時代に独自の宗教法人となりましたが、それ以降も、日蓮正宗の教義解釈を尊重し、日蓮正宗の興隆に最大に尽力してきました。しかし、日蓮正宗が法主（管長）の絶対性や僧俗差別を強調し、大聖人の仏法の精神から著しく逸脱したため、創価学会は「魂の独立」を果たしました。そして、この三十年来、「御書（大聖人の著作）根本」「日蓮大聖人直結」の立場から、大聖人の仏法の本義に基づき、創価学会の教学を形成してきました。その間、二〇一四年十一月に、創価学会の信仰の実践や実態に即して、創価学会会則の教義条項が改正されましたが、その際、創価学会教学部の見解として、「（日蓮正宗の教義解釈に大きな影響を与えた）日寛上人の教学には、日蓮大聖人の正義を明らかにする普遍性のある部分と、要法寺［出身］の法主が続き、疲弊した宗派を護るという要請に応えて、唯一正統性を強調する時代的な制約のある部分があるので、今後はこの両者を立て分けていく必要がある」（「聖教新聞」二〇一五年一月三十日付）と明示しました。本書は、その課題に対する回答も含めて、現在の創価学会の教学の要綱をまとめたものです。

第一章「仏法の人間主義の系譜」では、釈尊から『法華経』、日蓮大聖人、創価学会へと至る仏教の系譜について説明しています。釈尊に始まる仏教は、大乗仏教の真髄である『法華経』において、万人を救う教えとして示されました。日蓮大聖人は、数多くある仏教経典の中から、『法華経』を釈尊の真意が込められた最勝の経典であるとして選び取り、『法華経』に基づく実践を貫き、『法華経』の肝心の法を説き明かされました。そして、創価学会員は、日蓮大聖人の教えを根本に、『法華経』に説かれる地涌の菩薩の使命を自覚して、『法華経』に結実した「生命の尊厳」「万人の尊敬（万人成仏の原理からすべての人を尊敬すること）」の思想を現代に展開し、実践しています。「仏法の人間主義の系譜」とは、『法華経』を軸に、釈尊、日蓮大聖人、創価学会へと連なる系譜です。

第二章「日蓮大聖人と『南無妙法蓮華経』」では、日蓮大聖人が、社会が混迷の度を深める「末法」という時代相に鑑み、『法華経』の肝心であり根本の法である「南無妙法蓮華経」を三大秘法（「本門の本尊」「本門の戒壇」「本門の題目」）として具現し、未来永遠にわたる人類救済の法を確立されたことを説明しています。日蓮大聖人は、末法に生きる人々が仏の生命境涯（生命状態）を開き現すための法が「南無妙法蓮華経」であると覚知し、「南無妙法蓮華経」を「本門の本尊」として顕し、「本門の本尊」を受持して唱える「本門の題目」を示し、「南無妙法蓮華経」の唱題行の場を「本門の戒壇」として定め、末法の万人成仏の方途を確立されました。この実践はすべての人に可能であり、仏教を真に万人に開かれたものとする画期的な意義を持つものでした。その偉業を尊崇し、創価学会では日蓮大聖人を「末法の御本仏」として仰いでいます。

第三章「一生成仏と広宣流布・立正安国」では、個人の成仏と社会の変革という日蓮大聖人の仏法の二つの大きな目的について説明しています。「一生成仏」とは、この人生において仏の生命境涯を現して生きることです。仏の生命境涯とは、人生の苦難を乗り越えて幸福に生きるための、智慧と慈悲と活力にみなぎる境涯であり、それは、性別、人種・民族、思想・信条、居住地や文化・宗教的背景などの違いを超えて、万人に等しく内在する働きです。信仰の実践によって、この仏の生命境涯を開き現し、自身を変革していくことを、創価学会では「人間革命」と呼んでいます。この人間革命は、周囲や環境の変革にも連動していきます。その一人一人の人間革命を基盤にして、安穏な社会、平和な世界を建設しようとするのが「立正安国」です。創価学会員は、日蓮大聖人が掲げられた、この立正安国の理念のままに、誰もが平和で安穏に暮らせる社会の建設を目指しています。創価学会が目的とする「広宣流布（万人成仏を説いた大聖人の仏法を弘めること）」とは、仏法の実践者の数を増やすだけでなく、あらゆる人が根源的な苦悩を充実感と喜びに転換して生きる可能性を持ち、平等に尊厳を有しているという「生命の尊厳」「万人の尊敬」の思想を広め、社会をより良く変革していくことです。

そして、第四章「万人に開かれた仏法」では、創価学会が、大聖人の仏法を万人に開かれた本来の民衆仏法として、世界に弘めてきた実践について説明しています。三代会長が成し遂げた宗教改革の歴史や、創価学会が日蓮正宗から魂の独立を果たした経緯にも触れ、創価学会が日蓮大聖人の根本の精神を正しく貫いてきた歩みを明示するとともに、創価学会の三宝や、実践の柱である弘教と折伏にも言及しています。

創価学会は、戦争をはじめ地球的諸問題が渦巻く混乱の時代にあって、三代会長の指導のもと、「一生成仏・人間革命」と「立正安国・広宣流布」という自他共の幸福と世界の平和を実現する実践を貫き、大聖人の仏法を現代に生き生きと蘇生させ、その思想を社会に浸透させてきました。そして、「御書根本」「日蓮大聖人直結」という指針を堅持し、会員が教学を研鑽することを重視し、民衆に根ざした草の根の教学運動を一貫して推進してきました。創価学会の教学は、決して机上のものではなく、多くの学会員が、宿命転換を目指し、幸福を実現する中で、また広宣流布を現実に推進する中で、学び、共有し、深めてきた「実践の教学」です。

創価学会は、この「実践の教学」を貫き、大聖人の仏法を現代世界にどう伝えていくかを絶えず模索し、世界広宣流布の伸展とともに新たに生じる問題に対応しながら、教学の探究と深化を続けてきました。本書は、その創価教学の現時点における一里塚といえます。とくに、この要綱は、創価学会の教義を広く社会に対して客観的に説明することに力点が置かれています。今後も、世界の文化・思想や人類的諸課題を視野に入れ、学問的研究の成果も取り入れながら、時代とともに教学を発展させていくことは、世界に展開する教団としての責任であると考えます。創価学会は永遠に、「御書根本」「日蓮大聖人直結」の指針のもと、三代会長の指導のままに、「実践の教学」の大道を貫いていきます。

結びに、監修のお願いにご快諾いただいた池田大作先生に、心より深く感謝申し上げます。

二〇二三年十月二日

『創価学会教学要綱』刊行委員会

目次

凡例

一、本書では「日蓮大聖人」「日興上人」の表記を用いた。日蓮大聖人の年齢は数え年を用いた。

二、創価学会の牧口常三郎初代会長、戸田城聖第二代会長、池田大作第三代会長は、「先生」の敬称を用いた。

三、御書（日蓮大聖人の著作・書簡などを「御書」と尊称する）の引用は、創価学会版『日蓮大聖人御書全集　新版』（二〇二一年、創価学会）を用い、ページ数を（御書〇〇㌻）と示した。

四、『法華経』の引用は、創価学会版『妙法蓮華経並開結（第二版）』（二〇一五年、創価学会）を用い、ページ数を（法華経〇〇㌻）と示した。

五、『大正新脩大蔵経』（大蔵出版）の引用箇所を示す場合は「大正」と表記し、巻数、頁数、段、行数を記載した。

六、牧口初代会長の引用は原則として、旧字を新字に改め、現代仮名遣いを用いた。また、現代で一般的に平仮名表記される言葉は、平仮名で表記した。

第一章　仏法の人間主義の系譜

第一節　釈尊から流れる仏法の人間主義

仏教の歴史は、インドの釈尊(1)（紀元前六～五世紀、または紀元前五～四世紀）から始まる。

釈尊は、現在のインドとネパールの国境近くのカピラヴァストゥを中心とする小国（釈迦族）の指導者層の子息として生まれ、恵まれた安楽な生活を享受したが、真実の喜びは得られなかった。学問を修め結婚して男児をもうけた後、父の反対にもかかわらず、二十九歳の時に出家し、沙門(2)となり、当時の有力な新興思想家たちに師事して学び、種々の苦行も試みた。しかし、それらにも満足できず、改めて瞑想に励んで、苦楽・幸不幸の因果について考察を深め、三十五歳でついに覚りを開かれた。(3)その覚りは、世俗的な安楽の追求と聖なる境地を獲得するための苦行の両極端から離れた、中道の生き方を貫いて得られたものであった。その後、釈尊はガンジス川中流域を中心として活動を展開し、八十歳で長きにわたる布教の生涯を終えられた。

釈尊の教えを基とする仏教は、インド亜大陸において次第に教線を拡大するとともに、大衆部・上座部など多くの部派（分派）に分かれて展開し、紀元前後には革新的な大乗仏教が興起して、思想的にも実践的にも多様な広がりが見られるようになった。

紀元前三世紀頃には上座部の教えが現在のスリランカに伝えられた。一方、インド北西部では、伝統的な仏教とともに大乗仏教がシルクロードを経由して中央アジアに伝わり、さらに紀元前後頃には中国に伝わった。中国では主として大乗仏教が重んじられ、いくつもの学派が形成された。中国で独自の発展を遂げた仏教は、四世紀頃に朝鮮半島に、六世紀には日本にも伝わり、東アジアの仏教を形成した。

さらに、七世紀にはインドからチベットに仏教が伝わった。チベットでは後期密教を多く取り入れて独自の発達を遂げ、モンゴルなど内陸アジアに大きく広がった。

東南アジアには、紀元一世紀頃から数世紀にわたって大乗仏教が伝わり、カンボジアのアンコール・トムのバイヨンや、インドネシアのボロブドゥールなどの壮麗な寺院が建立されたが、王権との確執やイスラームの広がりによっていったん衰退した。インドシナ半島では、十二世紀にミャンマーのパガン王朝において密教化した大乗仏教を排除して、スリランカの上座部仏教が再導入された。その後、上座部仏教がタイ、カンボジア、ラオスなどの近隣諸国へ広がっていった。

このようにして、仏教はアジア全域に広がり、さまざまな仏教的伝統が成立した。近代以後、仏教は西洋でも知られ、今日では世界各地に広がっている。

この二千五百年にわたる仏教の広範な伝統の中で、日本の鎌倉時代に生きた日蓮大聖人（一二二二〜一二八二年）は、インドで成立した大乗仏教の代表的な経典の一つである『法華経』（鳩摩羅什が漢訳した『妙法蓮華経』）[4]を根本の経典と定めて、万人を救済する新しい修行法を確立された。創価学会は、この日蓮大聖人の仏法を継承し実践する仏教団体である。[5]

本章では、釈尊の人間主義の思想、仏教史における『法華経』の位置づけ、『法華経』の中心思想、日蓮大聖人と『法華経』、創価学会と『法華経』について説明する。

釈尊の時代に支配的な思想であったバラモン教では、自らの行いに応じて次の生での境遇が変わり、それが果てしなく繰り返されるという輪廻が説かれた。死後、次の生の幸福の実現のため、聖職者が秘密裏に伝承した知識に基づく儀礼が重んじられ、一般の人々には儀礼への供養が要求された。この儀礼は、カルマと呼ばれた。

釈尊は、このような儀礼を通じた聖職者の支配に疑問を感じ、人々を不幸な境遇から解放するのは、儀礼としてのカルマではなく、カルマの原義である「行為」であるとした。そして、日常の良い行為が安楽の結果をもたらし、悪い行為が苦悩の結果をもたらす（善因楽果、悪因苦果）という因果の法則を見いだした。また、あらゆるものごとは、内在する主因（因）が、外在する補助的因（縁）に触れて（因縁和合）、潜在的変化・顕在的結果（果報）をもたらすことを洞察した。

この釈尊の思想は、社会的な身分や地位などにかかわらず、誰もがその行いによって自身の境涯が定まる（自業自得）とするものである。これは、各人が自らの運命を決定する能力を持つという主張である。また、自身の幸不幸は、自己を離れた絶対的・超越的な存在に支配されるものでもなければ、偶然によるものでもないという宣言である。これは、一個の人間に無限の可能性を認める人間尊厳の思想である。

釈尊は、生老病死という人間の根源的な苦と向き合い、苦悩の原因である煩悩（その代表的なものが渇愛や無明）(6)を破って、宇宙と生命を貫く根本の法に目覚めたのである。釈尊は、自ら覚りを成就しただけでなく、覚った者は一切衆生の幸福を実現するために慈悲の心を奮い起こして行動しなければならないと考えた。そのことを、次のように語っている。

「究極の理想に通じた人が、この平安の境地に達してなすべきことは、次のとおりである。（中略）一切の生きとし生けるものは、幸福であれ、安穏であれ、安楽であれ。（中略）何ぴとも他人を欺いてはならない。たといどこにあっても他人を軽んじてはならない。悩まそうとして怒りの想いをいだいて互いに他人に苦痛を与えることを望んではならない。あたかも、母が己が独り子を命を賭けても護るように、そのように一切の生きとし生けるものどもに対しても、無量の（慈しみの）こころを起すべし。また全世界に対して無量の慈しみの意を起すべし」(7)

この言葉のままに、釈尊は八十歳で亡くなるまで、一切衆生の幸福を願って、さまざまに教えを説かれた。それらの釈尊の教えは、やがて初期仏教経典(8)として編纂されていった。

釈尊の中心的な教えは、苦からの解放である。その解放への道筋を説くものとして、初転法輪(釈尊の最初の説法)において示された四諦説と、菩提樹下で覚りを成就したときに繰り返し観察していたとされる縁起説がある。縁起説は後に十二因縁説に整備されていった。

四諦は、自己の感受する苦しみの現実から解放された状態(涅槃)を得ることを目指すものである。そのために、まず苦の実態を把握し(苦諦)、次にその苦の原因を探究し(集諦)、それに基づいて、苦の消滅の在り方を把握し(滅諦)、それを実現するための具体的な行動を理解し実践する(道諦)ことを説く。苦の消滅を実現する具体的な行為としては、身体的行動と言語活動と思考の三つの領域における八つの実践が説かれる(八正道)(9)。

十二因縁(10)も、苦の原因を探り解決法を見いだそうとする四諦と同じ発想に基づいた思想である。まず苦の原因を探究し、人間は老死に代表される人生のさまざまな苦を感受して生きているという現実から出発し、その苦の原因を次々に遡り、ついに根本原因である第十二項目の無明に到達する。次に、苦の原因の消滅を探究する。すでに観察した因果関係を理解し、根本の無明を消滅させれば、それによって順次、各項目が消滅して、最後に現実に直面している老死という苦まで消滅するとされる。この因果関係、条件づけは、「縁起」といわれる。

釈尊は、このように一人一人の個人の苦悩の現実から出発し、その苦悩からの解放、幸福の実現を目指して、人間存在への深い洞察に基づき、さまざまな教えと実践を説かれた。そこには、仏教における「生命の尊厳」「万人の尊敬」という思想性が示されている。この「生命の尊厳」「万人の尊敬」の思想を、創価学会では仏法の人間主義と呼んでいる。

第二節　大乗仏教の真髄『法華経』

(一)『法華経』の成立

釈尊が亡くなられた後、その教えは、経（釈尊が説かれた教え）・律（出家者が仏教教団の構成員として守る規則や教団の運営規則）として、弟子たちによって、数次にわたって整理、編集された（仏典結集）と伝えられる。その内容は口伝によって伝承され、紀元前一世紀頃から文字化された。

紀元前三世紀頃、仏教教団は上座部と大衆部に分裂し、それ以後、いくつもの部派に分かれていったとされる。各部派によって展開された仏教を部派仏教とも呼ぶ。各部派は経・律を伝承するとともに、釈尊が説かれた教えを体系化・理論化したものを論として発展させていった。

このような仏教の展開の中で、開祖である釈尊は極めて尊崇され、超人的な存在と見なされるようになった。各部派ではおおむね、超人的な仏の境地と、出家修行者が現実的に到達できる境地を区別し、後者を「阿羅漢果（修行を完成した聖者の境地）」と呼び、修行に励んで阿羅漢果を得て、涅槃（生死輪廻の苦しみを免れた状態）に入ることを目指すようになった。一方、在家者は、出家者に対して布施をする（食べ物や衣服などを供養すること）という善行を行い、在家の戒を守ることによって、死後、神々の世界（天界）に生まれ変わるとされた。

そうした中、「大乗（「偉大な乗り物」の意）」と自称する思想が、紀元前後頃から興ったと考えられている。大乗の思想を担った人々は、それまでの出家修行者が目標としていた阿羅漢果の獲得を目指すのではなく、菩提心（覚りを求める心）を起こして仏に成ることを目指し、自らを「菩薩」と称した。菩薩とは、菩提（仏の覚り）を求める者という意味であり、本来は、仏に成ることを目指して修行していた過去世の釈尊を指す言葉であったが、大乗仏教の修行者たちは自身を指す名称として用い、自分たちが釈尊と同様の覚りを目指す者であることを示したのである。

そして、彼らは、仏に成るために必要とされた、一切衆生を救済する利他の実践を重んじた。それは、自らの覚りに安住せず、一切衆生の幸福を目指して教えを説いた釈尊を原点とし、その原点に回帰する運動であったともいえる。

大乗仏教の起源についてはさまざまな仮説があり結論は出ていないが、紀元前後頃から多種多様な大乗経典が編纂されていったことは確かな事実である。その中で、先行する系統の異なる教説を整理・評価して、新しい思想を提唱する経典も誕生した。その一つが、あらゆる衆生が成仏できることを説く『法華経』である。

(二) 万人成仏の思想――一仏乗

『法華経』は、仏教の教主である釈尊という原点への回帰を唱え、釈尊と同じ実践という因によって、一切衆生に釈尊と同じ仏という果を得させることこそ、釈尊の根本の願いであり、この世に出現した目的である(一大事因縁)としている。そして、万人が仏知見(仏の智慧)を開くことが可能であることを説いている。

『法華経』方便品第二には、釈尊の一大事因縁として、「諸仏世尊は衆生をして仏知見を開かしめ、清浄なることを得しめんと欲するが故に、世に出現したまう。衆生に仏知見を示さんと欲するが故に、世に出現したまう。衆生をして仏知見を悟らしめんと欲するが故に、世に出現したまう。衆生をして仏知見の道に入らしめんと欲するが故に、世に出現したまう」(法華経一二一ページ)と記されている。この文について、天台大師智顗[11](五三八~五九七年)は、衆生に仏知見を開かせるということは、衆生の中に仏知見がすでに具わっているということを意味すると解釈している。[12]その解釈に従えば、万人に等しく尊極な仏知見が具わり、誰もがそれを開いて等しく成仏できるということになる。

部派仏教や『法華経』の歴史的成立以前の大乗の思想は、菩薩だけが仏に成るのであり、阿羅漢果を達成した修行者は涅槃に入ってしまうため仏に成ることはできないとしていたのに対し、『法華経』は、阿羅漢果を得た者も大乗の修行によって仏に成ることが可能であるとした。そして、『法華経』成立以前に説かれてきた声聞・縁覚・菩薩のための三種の教え（三乗）が、成仏に至らせる唯一の教え（一仏乗）へ導くための方便（手立て）であることを明かして、万人成仏を説いた。[13] そのことは、『法華経』の譬喩品第三から授学無学人記品第九まで、舎利弗をはじめとする釈尊の直弟子である声聞に対する授記（未来の成仏の保証）として具体的に示されている。この二乗作仏（声聞・縁覚の成仏）は『法華経』前半の大きな特徴となっている。

さらに、提婆達多品第十二には、提婆達多（釈尊のいとこであり、〝阿羅漢を殺す〟〝仏を傷つけ身体から出血させる〟〝和合僧を破壊する〟という三逆罪を犯したとされる）と竜女（サーガラ竜王の八歳の娘）の成仏が説かれている。提婆達多は仏の正法（正しい教え）に背き破壊しようとする謗法（誹謗正法）の者であり、部派仏教や『法華経』成立以前の大乗の思想では、成仏は不可能とされていた。また、インドの伝統的な男性中心の価値観が仏教の中に取り込まれる中で、女性はそのままでは成仏ができないとされた。こうした教説は釈尊の真意に反するものとして、『法華経』では、既存の救済観から除かれていた悪人の代表としての提婆達多と女性である竜女に対して、明確に救済を保証したのである。東アジアにおいては、この悪人成仏・女人成仏は、『法華経』の卓越性を示すものとして重視された。日蓮大聖人もまた、その伝統を受け継ぎ、二乗作仏とともに悪人成仏・女人成仏が説かれていることに基づいて、『法華経』が万人成仏の教えであることを強調されている。

このように、あらゆる差異を超えて万人成仏を説いた『法華経』は、万人の幸福を願った釈尊の思想と行動を、新たな形で復活・蘇生させたものといえる。創価学会では仏教における「生命の尊厳」「万人の尊敬」の思想を仏法の人間主義と呼ぶと先に述べたが、『法華経』はまさしく、この仏法の人間主義を体現するものであり、万人の幸福の実現という釈尊の願いを正しく説き表した、大乗仏教の真髄ともいうべき経典である。

(三) 永遠の仏――久遠実成の釈尊

『法華経』の前半(迹門)[14]では、諸教説を一仏乗へ統合することが説かれ、万人成仏の思想が示されたが、『法華経』の後半(本門)では、如来寿量品第十六において、釈尊の「久遠実成(釈尊は遥か昔の過去世において成仏したこと)」が説かれている。そして、久遠(想像を絶するほどの長遠な過去)に成仏して以来、さまざまな姿をとりながら、この世界(娑婆世界)に常に存在し、衆生への説法・教化を続けてきたことが明かされるのである。

釈尊が『法華経』迹門までに説いてきた教えでは、釈尊は、過去世における菩薩としての長い間の仏道修行によって、インドで生を受けて初めて成仏した(始成正覚。今世で初めて仏の覚りを完成したとする立場を意味する)とされた。久遠実成は、そうした釈尊像を根本から覆し、久遠の昔に成仏していたとする教えである。[15]さらに、如来寿量品では、釈尊は未来に向かっても、それ以上の長遠な期間にわたる寿命があることが示されている。すなわち、釈尊の本来の真実の境地（本地）は、無限の過去から無限の未来まで常に存在する「永遠の仏」であることが明かされている。

これは、歴史上の釈尊の滅後の救済に対する回答になっている。『法華経』成立以前の諸経典では、遠い過去から釈尊に至るまで何人かの仏が交代して衆生の救済に当たってきたことや、遠い未来に釈尊の後を受けて衆生を救済する仏が出現することが説かれる。また、衆生が別の世界の仏のもとに生まれて救済されると説くものもある。これらに対して、『法華経』は、過去も現在も、そして未来もまた、釈尊こそがこの娑婆世界の衆生の救済者であるとするのである。これは、諸経典で尊崇されるさまざまな仏を釈尊へ統合するものであるといえる。

さらに、『法華経』には、現実には亡くなった歴史上の釈尊と、「永遠の仏」としての釈尊の関係が示されている。すなわち、永遠の寿命を持つ釈尊は、実際に涅槃に入ることはないが、衆生に求道の心を起こさせ、修行に精進させるための方便として涅槃に入る姿を示す（方便現涅槃）ことが説かれている。その上で、久遠実成の仏は、実は娑婆世界に存在し続け、衆生が仏を求めて身を惜しまず仏道修行に励むならば、いつでもその衆生のもとに出現するとされている。

このような『法華経』の教説は、仏とは、単に歴史上の釈尊という個人のことではなく、釈尊がその身に現した仏界（智慧と慈悲に満ちた尊極な仏の生命境涯）という境地であり、それが永遠であることを示していると理解できる。さらに、『法華経』が万人の成仏を説くことからすれば、その仏界という境地は、釈尊のみならず、万人の生命に具わっていると解釈できる。すなわち、誰もが本来、仏界を自身の内に具えているので、それを触発する条件があれば、いつでも、どこでも、仏としての働きを実現することが可能となるのである。

如来寿量品は、「毎《つね》に自ら是の念を作《な》す　何を以てか衆生をして　無上道に入り　速かに仏身を成就することを得しめんと」（法華経四九三ジペー）という文で結ばれている。仏とは、常にあらゆる存在の幸福を願い、自身と同じ仏の境地を得させるために行動するのである。ゆえに、仏を信じ仰ぐ弟子にとっては、この師の慈悲に包まれながら、自らも師と同じ仏の境地を獲得するとともに、他の人々にも仏の境地を得させることが、なすべき実践となる。

（四）妙法流布の付嘱——地涌の菩薩

『法華経』の特徴として、『法華経』流布の付嘱が強調されていることが挙げられる。釈尊滅後の『法華経』の流布は、地涌の菩薩（大地から出現した菩薩）に託される。

『法華経』は、法師品第十以降、釈尊滅後に誰が『法華経』を弘通するのか、釈尊は誰にその使命を託すのかが大きなテーマとなっている。見宝塔品第十一では、過去の仏である多宝仏が巨大な宝塔（宝石によって装飾された仏塔）とともに出現して『法華経』が真実であることを証明する。そして、釈尊によって国土が浄化され、十方から釈尊の分身である仏たちが集合する。すると、釈尊は虚空に浮かぶ宝塔に多宝仏とともに座し、自らの死後に『法華経』を託すべき者たちがいないか呼びかける（以後、『法華経』の物語は虚空が舞台となるので、「虚空会」「虚空会の儀式」と称される）。

勧持品第十三では、授記された声聞らが娑婆世界以外の他の国土での布教を望んだのに対して、菩薩たちは娑婆世界で迫害に耐え忍んで布教に励むことを誓う。(16) さらに、従地涌出品第十五では、娑婆世界以外の国土から来た多くの菩薩たちが、釈尊滅後に娑婆世界で『法華経』を弘める決意を釈尊に告げる。しかし、釈尊は、彼らの申し出を拒み、娑婆世界にいる膨大な数の菩薩たちが布教を行うことを宣言する。そのとき、大地が割れて出現した菩薩たちが、地涌の菩薩である。

釈尊が久遠から教化し、釈尊滅後の衆生を救済するために現れた地涌の菩薩は、上行菩薩、無辺行菩薩、浄行菩薩、安立行菩薩という四人の上首（リーダー）に率いられている。そして、如来神力品第二十一において、地涌の菩薩が、釈尊滅後に『法華経』を弘めることを誓うと、釈尊は彼らに『法華経』を託す（付嘱）のである。ここで、釈尊は「要を以て之を言わば、如来の一切の所有の法、如来の一切の自在の神力、如来の一切の秘要の蔵、如来の一切の甚深の事は、皆此の経に於いて宣示顕説す」（法華経五七二ジペー）と述べ、仏のあらゆる教えが『法華経』の中にすべて包含されていることを強調している。この文に基づき、天台大師は地涌の菩薩への付嘱を「結要付嘱《けっちょう》（仏の教えの肝要を託すこと）」と名づけた。

『法華経』には、地涌の菩薩は、さまざまな卓越した特質を持つと説かれている。「其の志念は堅固にして　大忍辱力有り」（法華経四五九ジペー）とあるように、確固とした不退転の決意と忍耐の力に優れている。また、「常に智慧を勤求《ごんぐ》し　種種の妙法を説いて　其の心に畏るる所無し」（同四六六ジペー）とあるように、常に智慧を求め、自在に畏れなく法を説く。そして、「善く菩薩の道を学して　世間の法に染まらざること　蓮華の水に在るが如し」（同四七一ジペー）とあるように、泥沼のように濁り乱れた現実社会にあって、その汚泥に染まらず、苦しむ人々を救う菩薩として生きていく。さらに、「難問答に巧みにして　其の心に畏るる所無く　忍辱の心は決定《けつじょう》し　端正にして威徳有り」（同四七二ジペー）とも説かれ、巧みに自在な対話を行う智慧を有し、何ものをも畏れない勇気を持ち、人を引きつけてやまない能力を備えた姿として描かれている。

この地涌の菩薩が、釈尊滅後の悪世において、釈尊に代わって、万人の成仏のために『法華経』を弘通する主役となるのである。

（五）万人尊敬の実践――不軽菩薩

『法華経』を実践するとは、具体的にどのようなことであるのか。常不軽菩薩品第二十には、不軽菩薩（常不軽菩薩）の実践が釈尊自身の過去世の修行として示され、それが成仏の因であったことが明かされる。日蓮大聖人は『法華経』の実践の範を、この不軽菩薩の振る舞いに求められた。[17] 不軽菩薩のエピソードは次の通りである。

不軽菩薩は、威音王仏という仏の像法（正法に相似してはいるが、教えが形骸化する時代）の末期という、正しい教えが失われつつある時代に出現した菩薩である。不軽菩薩は、四衆（男性出家者・女性出家者・男性在家者・女性在家者）を礼拝・讃歎して、「我は深く汝等を敬い、敢えて軽慢せず。所以は何ん、汝等は皆菩薩の道を行じて、当に作仏することを得べければなり」（法華経五五七ジベー）と語りかけた。[18] それに対して反発し、「我等は是くの如き虚妄の授記を用いず」（同五五八ジベー）等と言って、不軽菩薩を悪口罵詈し、杖、木、瓦、石などによって攻撃する者が多く現れた。それでも不軽菩薩は、誰もが仏になれる存在であると信じて、忍耐強く、先の言葉を唱え続けた。鳩摩羅什訳『妙法蓮華経』では、その行為の精神を「合掌礼拝」と表現している。その修行の果報として、不軽菩薩は臨終にあたって、威音王仏が説いた法華経の偈を聞き、その結果、六根清浄[19]を得て、寿命を延ばすことができた。そして、さらに衆生を教化し、多くの仏に巡り会うことにより、最高の覚りを得て、成仏したのである。

このエピソードにおいて不軽菩薩が唱えた言葉は、すべての人が一人も残らず仏界を具え、菩薩の修行実践によってそれを開き現していくことができるというものである。これは、先に見た『法華経』の万人成仏の思想の実践的表現であるといえる。

『法華経』には、不軽菩薩を迫害した人々も、最終的には、法華経を聞き、救済されることが示されている。不軽菩薩は、経典の読誦に専念することなく、ただ他者への授記の呼びかけや礼拝行を実践し、それによって最高の覚りを得ることができ、自らを迫害した人々をも正道に導いていったのである。

不軽菩薩は、自他に仏界という最高の生命境涯が秘められていることを信じ、万人を尊い存在として尊敬した。誰もが成仏できるという信念を貫いた不軽菩薩の実践には、「生命の尊厳」「万人の尊敬」という仏法の人間主義の思想が明確に示されている。

仏界という最高の生命境涯が、すべての人々に具わっているという真実に目覚めることは、自身にも仏界が等しく具わることを覚知することでもある。その自身の仏界は、他者の仏界を敬う行動によって、生き生きと引き出され、発揮されていく。増上慢の人々からの迫害に怯まず、他者を敬う行動に徹し、自他の成仏の道を開いていった不軽菩薩の実践は、自他共の幸福を目指す仏法者の生き方をよく示している。他者に尽くし、他者の生きる力を引き出した分、自分の生きる力も増していくという菩薩道の理念を象徴しているのが、不軽菩薩の振る舞いである。

そして、その不軽菩薩の実践は、釈尊が亡くなった後に、釈尊の正統な継承者として『法華経』を弘める地涌の菩薩に受け継がれるのである。

第三節　日蓮大聖人と『法華経』

（一）『法華経』の思想的系譜

『法華経』は、シルクロードを通じて中央アジアのオアシス都市にも広がり、いくつかの写本が発見されている。そして、中国に伝わり漢訳された。『法華経』の漢訳完本には三種類（竺法護[20]訳『正法華経』十巻〈二八六年〉、鳩摩羅什訳『妙法蓮華経』七巻または八巻〈四〇六年〉、闍那崛多[21]・達摩笈多[22]訳『添品妙法蓮華経』七巻〈六〇一年〉）が現存しており、中でも鳩摩羅什が漢訳した『妙法蓮華経』が東アジアでは広く流布した。

インド仏教の歴史的な発展が正確に知られないままに、次々に初期仏教経典や大乗の諸経典が翻訳され続けた中国では、各経典の思想内容や価値を判別し釈尊の教えを体系化する教判（教相判釈）が盛んに行われた。『法華玄義』[23]『法華文句』[24]『摩訶止観』[25]を講述した天台大師は、『法華経』を完全な教え（円教）のみが説かれた経典と位置づけ、その上で諸経典を分類・整理した教判を示した。また、『摩訶止観』では、『法華経』に基づく実践論として「一念三千」が展開されている（一念三千の詳細は第三章を参照）。

日本に天台宗を伝えた伝教大師最澄[26]（七六七／七六六～八二二年）は、中国の天台宗の教判に基づき、『法華経』を最高の教えとして宣揚した。

そして、天台大師・伝教大師らの思想を継承し、『法華経』を釈尊のすべての教えの肝要であると捉え、『法華経』の身読（迫害を含め『法華経』の教説を追体験すること）を貫かれたのが、日蓮大聖人である。

大聖人は、「安州の日蓮は、恐らくは、三師に相承し、法華宗を助けて末法に流通す。三に一を加えて三国四師と号《な》づく」（「顕仏未来記」、御書六一二ページ）と述べられている。これは、釈尊（インド）、天台大師（中国）、伝教大師（日本）、そして日蓮大聖人（日本）を「三国四師」と呼び、この四人を大乗仏教の真髄である『法華経』を弘通する系譜として位置づけられたものである。

大聖人は、『法華経』の肝心（肝要）[27]である「南無妙法蓮華経」が人々を救済する根本法であると覚知し、「南無妙法蓮華経」を三大秘法（「本門の本尊」「本門の戒壇」「本門の題目」）として具体的に示して、万人成仏を実現する方途を確立された。そして、民衆救済の実現のために、不当な流罪をはじめとする、さまざまな迫害に耐え抜いて、「南無妙法蓮華経」を弘通されたのである。

『法華経』において復活・蘇生した、万人の救済という釈尊の真意は、天台大師、伝教大師を経て、日蓮大聖人によって、末法の一切衆生を救う仏法として継承・確立されたといえる。

(二)「南無妙法蓮華経」の唱題行を創唱

日蓮大聖人は、漁業に関わる家に生まれたが[28]、おそらくは生来の優秀さを認められたために、領家(在地の荘園領主)の支援を得て、一二三三年(天福元年)、十二歳の時に、安房国(千葉県南部)の天台宗の清澄寺で修学を開始された。そして、一二三七年(嘉禎三年)、十六歳の時に出家し、天台宗の僧侶としての修行と研鑽を始められた。

天台宗は『法華経』を最高の経典と位置づけるが、中世の天台宗では、『法華経』信仰のほかにも、種々の修行が行われていた。日本の天台宗の開祖である伝教大師は、『法華経』を根本とする一方で、比叡山延暦寺での官僧登用枠(年分度者)の課程に、天台の止観を中心とする顕教の修行とともに、密教(呪術的要素を実践に組み込んだ大乗仏教の一派)の修行を組み込んだ[29]。

延暦寺では、天台宗本来の教学と、あわせて密教が学ばれた。さらに、伝教大師の没後ほどなく、阿弥陀仏のいる極楽世界への往生を求める教え(浄土教)が盛んになり、もともと浄土信仰を含んでいた天台宗でも改めて取り入れられた。

清澄寺では、もともとの山岳信仰の上に円仁(慈覚)[30]による天台宗が導入された結果、

『法華経』信仰、密教儀礼、浄土信仰が行われ、さらには大聖人の時代には新興の法然[31]の専修念仏（阿弥陀仏の浄土に往生するためにもっぱら南無阿弥陀仏と称えること〈称名念仏〉）も広く受容され、大聖人が師事した道善房も念仏の修行にいそしんでいた。このような環境で、大聖人も多様な学問・修行に励まれた。出家された翌年、十七歳の時には、円珍（智証）[32]が書いたとされる天台密教の書[33]『授決円多羅義集唐決』を書写されている。また、「世の人に随って阿弥陀仏の名号を持ちしほどに」（「四条金吾殿御返事（梵音声の事）」、御書一五二五ジペー）と、称名念仏を行じたこともあったと述べられている。

大聖人は、一二三九年（延応元年）、十八歳の時に鎌倉に、そして一二四二年（仁治三年）、二十一歳の時に比叡山など京畿に遊学された。その経験を、「その後、まず浄土宗・禅宗をきく。その後、叡山・園城・高野・京中・田舎等、処々に修行して自他宗の法門をならい」（「破良観等御書」、御書一二六一ジペー）と述べられている。天台宗だけでなく、浄土宗・禅宗・真言宗などのさまざまな宗派の教学を学び、それらの大綱を把握されたのである。

大聖人はその修学にあたって、天台大師の教判における経典重視の基盤となる『涅槃経』の「依法不依人[34]（仏道修行にあたっては、仏の説いた経文をよりどころとすべきであって、論師・人師の言を用いてはならないこと）」という原則を重んじられた。そして、「法華の流通たる双林最後の涅槃経に、仏、迦葉童子菩薩に遺言して言わく『法に依って人に依らざれ。義に依って語に依らざれ。智に依って識に依らざれ。了義経[35]に依って不了義経に依らざれ』

云々」（「守護国家論」、御書三九三ジペー）と述べられているように、釈尊の仏説に基づいて教えの優劣浅深を検討し、究極の真理を説いた経典を選定する方法を用いられた。そして、釈尊の真意を明瞭に説いた「了義経」を鏡とし、それに照らして、その他の経典を判定し位置づけていかれたのである。

その結果、大聖人は、釈尊の本意を承けて、天台大師・伝教大師と同じく、万人成仏を説く『法華経』を、「了義経」であり、真実の教えのみを説いたものであると結論された。さらに、方便の教え、または真実の教えに方便の教えを混在させた教えである他の経典については、『法華経』の教えを基準として開会《かいえ》（真実の教えに統合すること）し、適正に用いていかれた。その上で、その方便の権教に執着して、正法である『法華経』を否定し誹謗すること（誹謗正法、謗法）こそが、誤りの根源であり不幸の根本原因であると厳しく断じられたのである。

そして、大聖人は、仏法の素養のない末法の人々が迷わず正法を実践するために、『法華経』の真髄が凝縮された「南無妙法蓮華経」こそが『法華経』の肝心であり成仏の種（仏種）(36)であると示し、もっぱら「南無妙法蓮華経」を唱える唱題行を成仏のための修行として創唱し、自身も行い、他の人々にも勧めていかれた。

（三）法華経の行者

一二五三年（建長五年）、故郷に帰った日蓮大聖人は、『法華経』の肝心である「南無妙法蓮華経」を根本の教え（宗）とする立場を清澄寺で宣言された（立宗宣言）。その際、当時、流行していた法然の専修念仏を、万人成仏の『法華経』を排除し否定する謗法の教えであると断じ、むしろ『法華経』に照らせば無間地獄の因であると厳しく糾弾された。それゆえ大聖人は、念仏を信奉していた当地の地頭・東条景信などから憎まれ、清澄寺から退避せざるをえなくなった。

大聖人は、ほどなく武家政権の中心・鎌倉に赴き、『法華経』の弘通を開始されたが、その中で、大地震や旱魃などの自然災害やそれに続いて起こった飢饉・疫病などに人々が嘆き苦しむ悲惨な状況を目の当たりにされた。苦悩渦巻く現実に直面した大聖人は、その解決の方途として二つの道を示された。

一つは、個人の成仏である。大聖人は、「一生成仏」を説き、『法華経』の信仰実践によって、自身の内なる仏界を開発し、何ものにも屈しない智慧と慈悲と活力を発揮して苦難を乗り越えていく生き方を教えられた（詳細は第三章を参照）。

もう一つは、社会の変革である。大聖人は、『法華経』の「浄仏国土（仏国土を浄める）」（法華経二三二㌻）。仏の住する場所にふさわしい国土の構築）に基づく「立正安国（正しい教えを根本とすることによって国土を安定させること）」を強調された（詳細は第三章を参照）。そして、『法華経』を否定する諸宗への帰依こそが災難の原因であり、人々の幸福と社会の安穏のためには、正法である『法華経』に帰依することが不可欠であると洞察された。具体的には、数年にわたって考察を深め、最終的に「立正安国論」としてまとめ上げ、一二六〇年（文応元年）七月、当時の実質的な最高権力者であった北条時頼に提出されたのである。

この「立正安国論」の提出後、大聖人は、念仏者たちの襲撃を受け、あやうく難を逃れるという事態に直面された（後に「松葉ケ谷の法難」と称される）。そして、翌年、伊豆国伊東（静岡県伊東市）への流刑に処された（伊豆流罪〈一二六一年（弘長元年）五月～一二六三年（同三年）二月〉）。これらの受難を契機に、大聖人は自身を「法華経の行者」と位置づけられるようになる。それは、『法華経』には、釈尊滅後の悪世に『法華経』の教えを実践する者には、さまざまな迫害が加えられることが説かれているからである。例えば、法師品第十には、「如来の現に在《いま》すすら猶怨嫉多し。況んや滅度して後をや」（法華経三六二～三六三㌻）とあり、『法華経』に対しては釈尊の在世であっても反発や敵対が多く、まして釈尊滅後は、それ以上の迫害が起こることが示されている。また、勧持品第十三の「二十行の偈」においては、仏滅後の悪世に『法華経』を弘める者には、さまざまな迫害が起こることが示され[37]、安楽行品第十四では「一切世間に怨多くして信じ難く」（法華経四四三㌻）と、世間のあらゆる人が『法華経』に対して反発して信じようとはしないことが記されている。大聖人は、『法華経』に説かれている通りに難を受けている自身こそ、身をもって『法華経』を実践する「法華経の行者」であるという自覚と確信を深められた。

大聖人は、伊豆流罪の赦免後、いったん故郷に戻られるが、一二六四年（文永元年）十一月十一日、安房国東条郡（千葉県鴨川市）の松原大路で、武装して待ち伏せた多数の念仏者たちに襲撃され、弟子が殺され、自身も額に傷を受け左手を骨折するという難に遭われた（後に「小松原の法難」と称される）。この直後、大聖人は、先に挙げた法師品と安楽行品の文に照らして、「日本国に、法華経よみ学する人これ多し。人のめ（妻）をねらい、ぬすみ等にて打ちはらるる人は多けれども、法華経の故にあやまたるる人は一人もなし。されば、日本国の持経者は、いまだこの経文にはあわせ給わず。ただ日蓮一人こそよみはべれ。（中略）されば、日蓮は日本第一の法華経の行者なり」（「南条兵衛七郎殿御書」、御書一八三二ページ）と述べられている。自らの実践が『法華経』の文の通りの結果をもたらしていることから、自身こそが真実の「法華経の行者」であるとされたのである。

自身こそ真の「法華経の行者」であるという揺るぎない自覚と確信は、大聖人の生涯を貫くものであり、晩年に至るまで多くの御書で言及されている。(38)

（四）上行菩薩の使命の自覚

一二六八年（文永五年）に蒙古の国書が鎌倉幕府に届き、蒙古襲来の危機が迫るようになると、日蓮大聖人は、諸宗への批判をさらに強め、諸宗の邪義を捨てて正法に帰依するよう訴えられた。その中で、諸宗やそれに影響された権力者の画策によって、一二七一年（文永八年）九月十二日に捕らえられ、深夜、秘密裏に斬首される危機に見舞われた（後に「竜の口の法難」と称される）。しかし、斬首の寸前、突如、江の島の方から「光り物（光を発するもの）」が現れ、斬首は中止され、その後、大聖人は佐渡への流刑に処された（佐渡流罪）。この二つの最大の難を乗り越える中で、大聖人は境涯の大転換を果たされた。

佐渡へ流罪された直後に著された「開目抄」には、「日蓮といいし者は、去年九月十二日子丑時《ねうしのとき》に頚はねられぬ。これは魂魄、佐土国《さどのくに》にいたりて、返る年の二月、雪中にしるして有縁の弟子へおくれば、おそろしくておそろしからず」（御書一〇二ジペー）と述べられている。ここには、竜の口の法難・佐渡流罪の以前と以後（「佐前・佐後」とも称される）において、大聖人の立場が明確に転換していることが示されている。そのことが教説にも反映していることは、「三沢抄」の「法門のことは、さどの国へながされ候いし已前の法門は、ただ仏の爾前の経とおぼしめせ」（御書二〇一三ジペー）という一節にも明らかである。

それでは、大聖人は新たにどのような立場に立たれたのであろうか。それは、釈尊から滅後悪世の弘通を託された地涌の菩薩、なかんずくその筆頭である上行菩薩としての役割を果たす立場である。

大聖人は、自身が命に及ぶ難を受けて生き延びたことを、『法華経』に説かれる通りに難に耐えたと捉えられた。『法華経』で釈尊は、多くの菩薩たちの申し出を退け、地涌の菩薩に弘通を託したが、その理由の一つが、滅後の難に耐えられるのは地涌の菩薩だけであるからであった。[39] このことを踏まえて、『法華経』を忍難弘通する自身を、地涌の菩薩の役目を果たしている存在であると明確に位置づけられたのである。また、自身があえて悪世に生まれて難を忍ぶことができるのは、衆生への優れた慈悲の誓願のゆえであると認識された。[40]

『法華経』法師品第十には、釈尊滅後に『法華経』を弘める人について、「当に知るべし、此の人は是れ大菩薩の阿耨多羅三藐三菩提を成就して、衆生を哀愍し、願って此の間に生まれ、広く妙法華経を演《の》べ分別す。（中略）当に知るべし、是の人は自ら清浄の業報を捨てて、我滅度して後に於いて、衆生を愍れむが故に、悪世に生まれて、広く此の経を演ぶ」（法華経三五六～三五七ページ）と説かれている。ここには、釈尊滅後に『法華経』を弘める人は、最高の覚りを成就しているものの、衆生を哀れんで、あえて願って悪世に生まれることが記されている。妙楽大師湛然[41]（七一一～七八二年）は、上記の文の後半を「願兼於業（願、業を兼ぬ）[42]」と解釈した。願兼於業とは、業の働きを兼ね備えた誓願によって、この娑婆世界に生まれることをいう。すなわち、現世の自身の境遇は、単に過去世の業の報いによるものではなく、人々を救うために自ら願って担ったものであると捉える思想である。この願兼於業の生き方を釈尊滅後の悪世に実践し、さまざまな困難を乗り越えることによって仏法の偉大な功力を証明し、広宣流布（法を広く弘めること）を実現するのが、地涌の菩薩である。[43] 大聖人は、「開目抄」で、自身の忍難弘通を、この願兼於業の誓願のゆえであるとされた。[44]

一二七二年（文永九年）九月、大聖人は自身の立場について、「法華経に云わく『もし善男子・善女人、我滅度して後、能くひそかに一人のためにも、法華経の乃至一句を説かば、当に知るべし、この人は則ち如来の使いにして、如来に遣わされて、如来の事を行ず』等云々。法華経を一字一句も唱え、また人にも語り申さんものは、教主釈尊の御使いなり。しかれば、日蓮、賤しき身なれども、教主釈尊の勅宣を頂戴してこの国に来れり」（「四条金吾殿御返事（梵音声の事）」、御書一五二六～一五二七㌻）と述べられている。ここで大聖人は、自身を「如来の使い」「教主釈尊の御使い」と位置づけ、「教主釈尊の勅宣を頂戴して」『法華経』を説いているのだと述べられている。これは、自身こそ上行菩薩の働きを行う者であるという自覚を表明されたものである。

一二七三年（文永十年）四月に著された「観心本尊抄」には、上行菩薩等の地涌の菩薩に対する結要《けっちょう》付嘱について、「この本門の肝心・南無妙法蓮華経の五字においては、仏なお文殊・薬王等にもこれを付嘱したまわず。いかにいわんや、その已下をや。ただ地涌千界を召して、八品を説いてこれを付嘱したもう」（御書一二三六㌻）、「末法の初めは謗法の国にして悪機なるが故にこれを止め、地涌千界の大菩薩を召して、寿量品の肝心たる妙法蓮華経の五字をもって閻浮の衆生に授与せしめたもうなり」（御書一四〇㌻）、「今、末法の初め、小をもって大を打ち、権をもって実を破し、東西共にこれを失い、天地顚倒せり。迹化の四依は隠れて現前せず。諸天その国を棄ててこれを守護せず。この時、地涌の菩薩始めて世に出現し、ただ妙法蓮華経の五字のみをもって幼稚に服せしむ」（御書一四五ジペー）と述べられている。

さらに、それ以降の御書でも、「日蓮、上行菩薩にはあらねども、ほぼ兼ねてこれをしれるは、彼の菩薩の御計らいかと存じて、この二十余年が間、これを申す」（「新尼御前御返事」、御書一二二二ジペー。一二七五年）、「予つらつら事の情《こころ》を案ずるに、大師、薬王菩薩として霊山会上に侍して、仏、上行菩薩出現の時を兼ねてこれを記したもう故に、ほぼこれを喩《さと》すか。しかるに、予、地涌の一分にあらざれども、兼ねてこのことを知る故に、地涌の大士に前立ってほぼ五字を示す」（「曽谷入道殿許御書」、御書一四〇八ジペー。一二七五年）、「経には上行・無辺行等こそ出でてひろめさせ給うべしと見えて候えども、いまだ見えさせ給わず。日蓮はその人に候わねども、ほぼこころえて候えば、地涌の菩薩の出でさせ給うまでの口ずさみにあらあら申して、況滅度後のほこさきに当たり候なり」（「本尊問答抄」、御書三一四〜三一五ジペー。一二七八年）等と述べられている。

大聖人は、自身を上行菩薩であると明言されてはいないが、胸中には上行菩薩の使命を果たしたとする確信を抱かれていたと考えられる。(45)

（五）末法の教主

「観心本尊抄」には、「地涌千界出現して、本門の釈尊を脇士《きょうじ》となす一閻浮提第一の本尊この国に立つべし」（御書一四六ジペー）と、地涌の菩薩が出現して全世界第一の御本尊が打ち立てられると述べられている。その通りに、日蓮大聖人は、竜の口の法難の後から、唱題という修行の対境（対象）として、「南無妙法蓮華経」を中心に大書し、その周囲に仏・菩薩などを配した文字曼荼羅の御本尊を顕していかれた[46]（詳細は第二章・第三節「（一）本門の本尊」を参照）。

その上で、大聖人は、『法華経』の肝心である「南無妙法蓮華経」という根本の法を万人が修行し覚知できるように、すでに明らかにしていた題目とこの御本尊に戒壇を加え[47]、「本門の本尊」「本門の戒壇」「本門の題目」を説き示された。この三つは、三大秘法と位置づけられる。

「法華取要抄」と「報恩抄」において、三大秘法は、天台大師や伝教大師も説かなかった「秘法」（御書一五六ジペー）であり、「正法」（御書二六〇ジペー）であると、それぞれ明言されている。大聖人が「南無妙法蓮華経」を三大秘法として具体的に示されたことによって、釈尊が願った万人成仏が、誰にとっても現実に可能となったのである。

このように、日蓮大聖人は、末法の衆生の救済を釈尊に代わって行う「末法の教主」として、あらゆる大難を勝ち越えて、末法の万人成仏の道を現実に開き残された。その偉業を仰ぎ、創価学会では、日蓮大聖人を「末法の御本仏」として尊崇する。この点については、第二章・第四節「末法の御本仏・日蓮大聖人」で詳しく説明する。

第四節　創価学会と『法華経』――地涌の菩薩の自覚

(一) 牧口先生と『法華経』

創価学会初代会長・牧口常三郎先生（一八七一～一九四四年）は、一九二八年、五十七歳の時に日蓮大聖人の仏法に帰依した。

牧口先生は、大聖人の仏法に出合うまでに、プロテスタント系キリスト教、仏教、神道などの諸団体とも接触をもった。その牧口先生が、大聖人の仏法を選んだ理由は何であったのか。牧口先生は、著書『創価教育学体系』第二巻「価値論」の中で、大聖人の仏法の特徴として、次の三点を挙げている。

第一は、「道理と文証と現証」(48)という論拠による論証方法が、科学の論証方法と親和性を持つ点である。

第二は、『法華経』以外の教えは「信仰の対象が人格的の神または仏と名づける具現的の本体であって、これを崇拝する各個人の意識の内に構成する所の或る物にほかならないから、科学の対象とし理想とする真理、法則とは全く異なって[49]」いるが、「法華経における肝心はその名題の表す通り『法』であり、これを讃歎した『妙法』であり、泥中から出た純潔清浄な法に遵《かな》った生活をなして法を具現した仏に譬えた『蓮華』、これをまた教説した『経』であり、これに讃歎帰入するのが『南無』であり、即ち『南無妙法蓮華経』であってみれば、全世界の科学者の憧憬して向かいつつある所と合致する[50]」という点である。

第三は、「『仏法即世法、世法即仏法』との釈尊の教えは究竟する所、また道徳と科学と宗教との一致を意味するものであるのみならず、仏法の中に悉くが包容される事を意味する[51]」という点である。

このように、牧口先生は、『法華経』を根本経典とする大聖人の仏法に、①科学との親和性があること、②各人の観念の上に構築された人格的存在ではなく「法」を本尊としていること、③現実の人生・社会に立脚していること、といった特質を見いだしたのである。

大聖人の仏法に帰依した牧口先生は、その信仰の実感について、「法華経に逢い奉るに至っては、吾々の日常生活の基礎をなす科学、哲学の原理にして何らの矛盾がないこと、今まで教わった宗教道徳とは全く異なるに驚き、心が動き初めた矢先、生活上に不思議なる現象が数種現れ、それが悉く法華経の文証に合致しているのには驚嘆の外なかった[52]」と述べている。

創価教育学会を創立し[53]、広宣流布の実践を進める中で、牧口先生は「菩薩行」を強調した。牧口先生は、「自分ばかり御利益を得て、他人に施さぬような個人主義の仏はないはずである。菩薩行をせねば仏にはなられぬのである」[54]、「自分の一個のために信仰している小善生活の人には決して魔は起こらない。これに反して菩薩行という大善生活をやれば必ず魔が起こる。起こることをもって行者と知るべきである。『慈無くして詐り親しむは即ち是れ彼が怨なり』の小善生活に安んぜず、外善内悪の中善生活にも安んぜず、『彼がために悪を除くは即ち是れ彼が親なり』の大善生活をするならば必ず三障四魔[55]が競い起こるに相違ない[56]」と述べている。

牧口先生は、ここで「大善生活」と表現しているが、この「大善生活」の内実は、自他共の幸福のための折伏であり、化他行にほかならない。また、「慈無くして詐り親しむは即ち是れ彼が怨なり」、「彼がために悪を除くは即ち是れ彼が親なり」という章安大師灌頂[57]（五六一～六三二年）の言葉を引いているが、これは大聖人もしばしば引用されているものである。

牧口先生が述べる「菩薩行」とは、まさしく大聖人の実践を示しているのであり、それは「地涌の菩薩」「上行菩薩」の実践といえる。牧口先生は、『法華経』の説示通りに末法に出現し『法華経』の真実を証明した日蓮大聖人を通さなければ、一切経の肝心である『法華経』を理解することはできないと洞察した[58]。

中国との軍事衝突から太平洋戦争へと向かう時代の流れの中で、牧口先生は大聖人の仏法の正義を訴え続けた。一九四一年に治安維持法が改定され、神格化された天皇の祖先神である天照大神への冒瀆も禁止されるようになると、御本尊のみを信仰の対象とする創価教育学会の活動には、治安維持法違反・不敬罪の容疑がかけられ、一九四三年七月に牧口先生は逮捕され、一九四四年十一月十八日、巣鴨の東京拘置所で逝去した。それは、大聖人に直結し、地涌の菩薩としての実践を全うした殉教であった。

(二) 戸田先生と『法華経』

牧口先生と共に逮捕・投獄された戸田城聖先生（一九〇〇〜一九五八年）は、獄中で信仰を貫く中で、仏法の本質を会得し、『法華経』に説かれた内容を自らの体験として理解した。最初、戸田先生は、『法華経』の開経である『無量義経』[59]において、「其の身は有に非ず亦無に非ず」（法華経一二〜一三ページ）などと、仏の身をさまざまな否定句によって説いた箇所[60]を思索する中で、「仏とは生命なり」と覚知した。戸田先生は、さらに『法華経』に説かれた真理を体得することを願って唱題を続け、『法華経』従地涌出品第十五に説かれている、地涌の菩薩が登場した虚空会の説法の会座に、自らも連なっているという実感を得た。それが、「我、地涌の菩薩なり」との戸田先生の悟達であり[61]、ここから新たな創価学会の歴史が始まったのである[62]（戸田先生が獄中において「仏とは生命なり」「我、地涌の菩薩なり」という仏法の核心に迫る覚知を遂げたことを、創価学会では「獄中の悟達」と呼んでいる）。

一九四五年七月三日に出獄した戸田先生が、創価学会の再建に取り掛かるのに際して、最初に行ったのが『法華経』の講義であった。それは一九四六年一月から開始され、一九五〇年まで続いた。一九五一年五月三日に第二代会長に就任すると、多忙な活動の中、同年九月から『法華経』の中でとくに重要な方便品第二・如来寿量品第十六の講義を開始し、この講義は形を変えながら一九五八年の逝去直前まで続けられた。その間、一九五三年四月から一九五五年九月まで、二十六回にわたって、東京大学などの学生部員に対する『法華経』講義も行った。

戸田先生は、日蓮大聖人の覚りの立場から『法華経』を読み解き、『法華経』を現代に蘇らせた。そして、それを通して、「我、地涌の菩薩なり」との自らの悟達を全会員に共有させることに心を砕いた。

戸田先生は、牧口先生の三回忌法要の折（一九四六年十一月十七日）に、「あなたの慈悲の広大無辺は、わたくしを牢獄まで連れていってくださいました。そのおかげで、『在在諸仏土・常与師倶生』と、妙法蓮華経の一句を身をもって読み、その功徳で、地涌の菩薩の本事を知り、法華経の意味をかすかながらも身読することができました。なんたるしあわせでございましょうか[63]」と語っている。

また、戸田先生は、一九五一年に執筆した論文「創価学会の歴史と確信」で、次のように記している。

「顧みれば、昭和十八年（＝一九四三年）の春ごろから、故（牧口）会長が、学会は『発迹顕本しなくてはならぬ』と口グセにおおせになっておられた。われわれは、学会が『発迹顕本』するということは、どんなことかと、迷ったのであった。故会長は、学会は発迹顕本しなくてはならんと、この発迹顕本の実事をあらわさないことは、われわれが悪いようにいうのであった。みなは私同様、ただとまどうだけで、どうすることもできなかった。昭和二十年（＝一九四五年）七月、出獄の日を期して、私はまず故会長に、かく、こたえることができるようになったのであった。『われわれの生命は永遠である。無始無終である。われわれは末法に七文字の法華経（＝南無妙法蓮華経）を流布すべき大任をおびて、出現したことを自覚いたしました。この境地にまかせて、われわれの位を判ずるならば、われわれは地涌の菩薩であります』と(64)」

「発迹顕本」とは、迹（「足跡」の意。二次的・派生的なもの）を払って本体を顕すことであるが、戸田先生は、牧口先生が訴えていた「創価学会の発迹顕本」とは、全学会員が単なる信者ではなく、弘教の主体者である地涌の菩薩の自覚を持つことであると理解した。そして、一九五一年五月三日、第二代会長就任にあたり、創価学会総体に地涌の菩薩の使命と確信が満ちあふれるに至ったことを、「創価学会は発迹顕本した」と意義づけたのである。

戸田先生は、第二代会長就任にあたり、会員数七十五万世帯を達成することを宣言し、その誓願は逝去の直前に成し遂げられた。戸田先生は、地涌の菩薩としての実践を貫き、大聖人の仏法を現代に蘇生させ、日本における広宣流布の基盤を確立したのである。

（三）池田先生と『法華経』

戸田先生の逝去後、直弟子として一九六〇年五月三日に第三代会長に就任したのが、池田大作先生（一九二八年〜）である。

戸田先生の「我、地涌の菩薩なり」との悟達を継承し、『法華経』の思想を深めていくために、池田先生は、さまざまな取り組みを重ねたが、その一つに「御義口伝」の講義[65]がある。「御義口伝」は、日蓮大聖人が『法華経』の要文を講義された内容を、直弟子の日興上人[66]（一二四六〜一三三三年）が筆録したものと伝えられている。池田先生は、この「御義口伝」の講義を通して、『法華経』の文々句々について、現代に生きる人々の世界観・人生観・価値観に資すべく、縦横に解釈を展開した。

また、一九七二年以降、『私の釈尊観[67]』『私の仏教観[68]』『続・私の仏教観[69]』など、仏教を探究する著作を、次々と連載・発刊していった。それらは、学問的研究の成果を踏まえた上で、仏教の源流の実像に迫ったものであり、例えば、『法華経』の成立を釈尊滅後約五百年後の紀元一世紀頃と推定する学問的研究を受け入れて、仏教の系譜を考察している。

そして、池田先生は、一九九五年五月から、機関紙「聖教新聞」紙上で「法華経　方便品・寿量品講義」の連載を行い[70]、さらに同年、機関誌「大白蓮華」二月号から、「法華経の智慧――二十一世紀の宗教を語る」と題する長期連載を行った[71]。この連載の中で、池田先生は、「仏とは生命なり」「我、地涌の菩薩なり」との戸田先生の獄中の悟達について、「戸田先生は、まさに自身の根源を悟られるとともに、〝あらゆる人が、じつは根本においては地涌の菩薩である〟という人類共通の基盤を悟られたのです。その〝生命の故郷〟を知ったのが、学会員です[72]」と述べている。

創価学会員は、地涌の菩薩としての自覚と誇りをもち、自らが抱えている悩みや苦難などの宿命を、あえて自らが願って担った使命として捉えている。そして、自他共の幸福を実現するために、悩める友のもとへ、苦しむ人々の中へ飛び込み、勇んで地涌の菩薩の実践に挑んでいる。「我、地涌の菩薩なり」との戸田先生の悟達を一人一人が共有して、妙法の弘通に邁進している。

また、池田先生が「あらゆる人が、じつは根本においては地涌の菩薩である」と指摘するように、末法の衆生は誰もが妙法によって仏界を開く可能性をもっているのであり、万人が本来、地涌の菩薩の使命を帯びていると捉えられる。池田先生は、一九九三年一月、当時のアメリカが人種間の分断という社会問題に直面する中、現地の会員に贈った長編詩で、次のように呼びかけている。これは、大聖人の仏法の「万人地涌」の思想を現代的に表現したものといえる。この点に「人類共通の基盤」を見いだすことが、創価学会が掲げる仏法の人間主義の根幹である。

「自らのルーツを索《もと》めて／社会は千々に分裂し／隣人と隣人が／袂を分かちゆかんとするならば／さらに深く　我が生命の奥深く／自身のルーツを徹して索めよ／人間の〝根源のルーツ〟を索めよ／そのとき　君は見いだすにちがいない／我らが己心の奥底に／厳として広がりゆくは／『地涌』の大地――と！／その大地こそ／人間の根源的実在の故郷／国境もなく　人種・性別もない／ただ『人間』としてのみの／真実の証の世界だ／〝根源のルーツ〟をたどれば／すべては同胞！／それに気づくを『地涌』という！」(73)

『法華経』方便品第二には、「我は本《もと》誓願を立てて　一切の衆をして　我が如く等しくして異なること無からしめんと欲しき」(法華経一三〇ページ)と、一切衆生を成仏させ、自身と等しい最高の境涯に到達させることが仏の誓願であることが説かれている。『法華経』は、「万人が仏になれる」と洞察し、「万人を仏にする」という誓願に貫かれている。この『法華経』の思想と実践は、万人が成仏するための方途を確立した大聖人の仏法において実現され、三代会長を先頭とする創価学会によって、今や世界百九十二カ国・地域に展開されている。

創価学会は、大聖人の仏法を信受し、現実の社会と生活における実践を通して、自他共の幸福の実現と平和の構築を目指している。その運動は、釈尊に始まり大聖人が受け継いだ「生命の尊厳」「万人の尊敬」という仏法の人間主義の思想に基づき、平和・文化・教育を中心とするあらゆる分野において、全世界と全人類に寄与していくことを目的としている。

本章の冒頭に挙げた「一切の生きとし生けるものは、幸福であれ、安穏であれ、安楽であれ」との釈尊の願い、そして、「一切衆生の同一苦は、ことごとくこれ日蓮一人の苦なり」（「諫暁八幡抄」、御書七四五ページ）との大聖人の大慈悲は、創価学会の「誰一人として置き去りにしない」「目の前の一人を大切にする」という実践に生き生きと継承されているのである。

第二章　日蓮大聖人と「南無妙法蓮華経」

本章では、『法華経』の肝心として「南無妙法蓮華経」を見いだされた日蓮大聖人の思想の基本について説明する。

大聖人は、正法・像法・末法という仏教史観を根拠として、末法の衆生を救済する方途を確立された。そこで、まず大聖人の末法観を確認し、次に末法に弘めるべき法として選び取られた「南無妙法蓮華経」と『法華経』との関係を説明し、大聖人が「南無妙法蓮華経」を選び取られた思索の過程を示す、いわゆる「五重の相対」「五重三段」を取り上げる。そして、「南無妙法蓮華経」を具現化した三大秘法について述べ、最後に創価学会が大聖人を「末法の御本仏」と仰ぐ意義について説明する。

第一節　日蓮大聖人の末法観

インド仏教の歴史においては、時代の変遷とともに正法（仏が説いた教えそのもの）が変質して形骸化し（像法）、やがて衰滅してしまう、という考えが生まれた。

これに対して、紀元前後頃から編纂されるようになった大乗経典では、従来の正法が滅びる時代に、より優れた救済力をもつ教えが現れ、興隆するという主張が生まれた。それは、仏教教団（サンガ）が多岐に分裂し、それらの教えが形骸化して実効性を失っているという正法衰滅の危機意識に基づき、それを克服する新しい正法を模索し提示したものと考えられる。その中で、正法の久住（永続）を企図する『法華経』も生まれた。また、六世紀半ばに成立したとされる『大集経』(74)には、釈尊滅後の仏教の衰退について、五百年ずつ五つに区切って論じる五五百歳の法門が説かれている。(75)

このように、インド仏教では正法・像法という概念が成立し、像法の後には新たな仏が出現して教えを説くと考えられたが、中国においては、像法の後の時代を末法と呼び、仏の教えが滅びる時代とする考えが成立した。北周の武帝による廃仏が起こった六世紀中頃には、南岳大師慧思(76)（五一五～五七七年）が『立誓願文』において末法という時代認識を表明した。(77)そして、釈尊の仏教における正法・像法・末法それぞれの具体的な年数を規定する、さまざまな説が生まれた。

日本では、仏教が伝来した初期の飛鳥・奈良時代は、中国と同様、正法五百年・像法千年という説が用いられたが、やがて、釈尊が亡くなった年を周の穆王《ぼくおう》五十二年（前九四九年）とし、正法千年・像法千年とする、『周書異記』に基づいた説が広く受け入れられていった（浄土教では、正法五百年・像法千年の説を用いた）。そして、この説を踏まえて、平安時代の末期、十一世紀中頃（一〇五二年）に末法に入ったという認識が生まれた。

中国や日本では、仏教経典に記される正法衰微の状況と、戦乱・災害・疫病などの現実の悲惨な時代状況を結びつけて、それぞれの時代において、自分たちの生きる時代を末法と規定したと考えられる。その中で、多くの仏教者が革新的活動を展開し、インドでは大乗仏教の興起、中国では隋や唐における新たな仏教の出現、日本では院政期から武家政権勃興期にかけての新仏教の出現や旧仏教の改革が見られた。

日蓮大聖人の時代の日本の仏教は、六世紀の伝来から七百年を経て、奈良時代の六宗（三論・成実・法相・倶舎・華厳・律）に平安初期の天台・真言を加えて八宗、さらに院政期に念仏・禅を加えて十宗となり、それぞれが国家や貴族等の帰依を受けて財政的基盤を築き、世俗権力の闘争にも加担し、権勢を振るっていた。為政者の武力抗争が長期間にわたって続く中で、民衆は翻弄され、不安定な社会で現世のみならず来世にも不安を抱えていた。大聖人は、このように現在と未来にわたって不安が渦巻く時代の中で、現世の安穏と後生の幸福を実現する大法を探究し確立していかれたのである。

大聖人は、当時の時代思潮である末法思想を全面的に受け入れ、正法・像法・末法に基づいて仏教史を整理・解釈された。大聖人が末法思想を受け入れた理由としては、当時の時代の思潮、様相のほか、『法華経』そのものが、釈尊が亡くなった後、悪世が訪れることを強調している点が大きかったといえる。そして、その悪世の具体相を探究する上で、

『法華経』だけでなく、さまざまな経典を援用された。

例えば、「撰時抄」には、先に触れた『大集経』の五五百歳の法門に言及して、「大集経に、大覚世尊、月蔵菩薩に対して未来の時を定め給えり。いわゆる、我滅度して後の五百歳の中には解脱堅固、次の五百年には禅定堅固〈已上、一千年〉、次の五百年には読誦多聞堅固、次の五百年には多造塔寺堅固〈已上、二千年〉、次の五百年には『我が法の中において闘諍言訟して白法隠没せん』等云々」（御書一六二ジベー）と述べられている。大聖人は、『大集経』に説かれる五五百歳と正法・像法・末法の三時を結び付け、第一の「解脱堅固（覚りを得て生死輪廻の苦悩から解放されることが確かである時代）」と第二の「禅定堅固（瞑想の修行が盛んに行われることが確かである時代）」の千年が正法時代であり、第三の「読誦多聞堅固（経典の読誦や法門の聴聞が盛んに行われることが確かである時代）」と第四の「多造塔寺堅固（塔や寺が盛んに造られることが確かである時代）」の千年が像法時代であるとされた。そして、第五の「闘諍堅固（仏法についてさまざまな見解が入り乱れて争うことが確かである時代）」が末法の初めの五百年に当たると捉えられたのである。

また、大聖人は、『大集経』の第五の「闘諍堅固」を、『法華経』に説かれる「後の五百歳」[78]と同一視して、釈尊が亡くなった後の「後の五百歳」とは、末法の今に当たると解釈された[79]。

「開目抄」に、「妙法華経に云わく『仏滅度して後、恐怖悪世の中において』。安楽行品に云わく『後の悪世において』。また云わく『末世の中において』。また云わく『後の末世の法滅せんと欲せん時において』。分別功徳品に云わく『悪世末法の時』。薬王品に云わく『後の五百歳』等云々」（御書一〇四ジペー）と引用されるように、『法華経』には釈尊が亡くなった後の悪世に言及する経文が多くある。大聖人は、これらの経文を自身の生きる時代に引き当て、現時こそ末法であると解釈して、この悪世にこそ『法華経』の肝心の大法を弘めるべきであると認識されたのである。

近年、インド仏教の歴史研究によって、仏滅年代が紀元前四、五世紀とされ、大聖人の時代に一般的であった説と相違することが判明している。したがって、正像二千年説に基づいて年代だけに注目すると、鎌倉時代は像法の時代と規定されることになってしまう。しかし、末法思想を本質的にみれば、従来の教えが衆生救済の力を失ったとする危機意識のもとに末法という時代認識が生まれ、その認識は必然的に新しい仏法の出現を期待するものであった。大聖人は自身の時代こそ末法であるという認識のもとに、末法の衆生を救済する仏法の確立を目指されたのである。

第二節　『法華経』の肝心「南無妙法蓮華経」

(一)「南無妙法蓮華経」

「南無妙法蓮華経」は、字義の上からは「妙法蓮華経」に「南無（梵語ナマスあるいはその変化形ナモーの音写。心からの帰依を表す言葉）」することと理解される。すなわち、「南無妙法蓮華経」の文字通りの意味は、「妙法蓮華経」に帰依することである。「妙法蓮華経」は、鳩摩羅什訳『法華経』の正式な名称であるが、天台大師の『法華玄義』では、単に具体的な経典の名であることを超え、三世の諸仏が証得した究極的な法であると捉えている。(80)それを受けて、日蓮大聖人は、「妙法蓮華経」は三世の諸仏を生みだす主体（能生）としての根本の法であると理解された。(81)これらの意義を踏まえると、「妙法蓮華経」とは、釈尊をはじめとする多くの仏たちが覚知した、宇宙と生命を貫く根本の法であるといえる。

このような理解の根拠となるのは、『法華経』如来神力品第二十一の結要付嘱《けっちょうふぞく》の文である。そこには、「要を以て之を言わば、如来の一切の所有の法、如来の一切の自在の神力、如来の一切の秘要の蔵、如来の一切の甚深の事は、皆此の経に於いて宣示顕説す」（法華経五七二ジペー）とあり、地涌の菩薩に付嘱された『法華経』に、釈尊の仏法のすべてが包摂されていることが説かれている。大聖人は、さらに解釈を加え、ここで付嘱されたものは、単なる経典としての『法華経』ではなく、その核心である「（南無）妙法蓮華経」[82]という根本の法であると理解されたのである。

この「妙法蓮華経」に関して、「四信五品抄」には、妙楽大師による『法華文句記』の「略して経題を挙ぐるに、玄に一部を収む」[83]という言葉を引かれ、経題には『法華経』一部、すなわち一経の全体が収まっていることを示されている。その上で、「妙法蓮華経の五字は、経文にあらず、その義にあらず、ただ一部の意なるのみ。初心の行者、その心を知らざれども、しかもこれを行ずるに、自然に意に当たるなり」（御書一二六九ジペー）と述べられている。ここでは、「妙法蓮華経」は、文字として表された言葉の次元や、その言葉によって表現された内容にとどまるものではなく、『法華経』一経全体が伝えようとするものであるとされている。そして、初めて信仰に入った者であっても、「南無妙法蓮華経」を唱えるという実践によって、仏の覚りの境地を内面に体得できるとされているのである。

また、大聖人は、衆生が成仏に至る過程を、天台大師が『法華文句』で『法華経』化城喩品第七の教説を踏まえて説いた種熟脱の三益（仏が衆生に施す教化による下種・調熟・得脱という利益）に基づいて考察された。このうち、最初の下種とは、仏が成仏の法を衆生に説き、衆生がそれを信受して、心という田[84]に成仏の因である仏種（仏の種）を下ろすことである。[85] 大聖人は、末法の衆生にとって、仏種を下ろすことが成仏の修行の第一歩になると洞察し、その仏種こそ「南無妙法蓮華経」であるとされた。そのことを、「曽谷入道殿許御書」において、「題目の五字をもって下種となすべき」（御書一三九三㌻）であると述べられている。さらに、「上野殿御返事（末法要法の事）」に、「今、末法に入りぬれば、余経も法華経もせん（詮）なし、ただ南無妙法蓮華経なるべし」（御書一八七四㌻）と述べられているように、末法においては、広範な『法華経』ではなく、『法華経』の肝心である「南無妙法蓮華経」こそが下種の力を具えているとされた。

大聖人は、「南無妙法蓮華経」を末法における下種の本体、つまり成仏のための種子として捉え、それを衆生の心田に下ろす行動を展開されたのである。

（二）「五重の相対」「五重三段」

日蓮大聖人が、末法の衆生が成仏するための教えを探究し、『法華経』の肝心として「南無妙法蓮華経」を選び取っていかれた思索の過程については、「開目抄」と「観心本尊抄」において詳細に論述されている。その教判の枠組みは、「五重の相対」と「五重三段」として、それぞれ後代に整理・解釈された。

五重の相対とは、内外相対・大小相対・権実相対・本迹相対・種脱相対である。

第一の内外相対は、内道（仏教）と外道（仏教以外の宗教・思想）の対比である。「開目抄」では、中国の儒教や道教、インドのバラモン教など仏教以外の宗教・思想と比較して、仏教は正しい因果の法を説き明かしていることが指摘されている（御書五〇～五三ページを参照）。

第二の大小相対は、仏教の中の大乗と小乗[86]の対比である。「開目抄」には詳しく述べられていないが、一般的にいえば、菩薩として仏に成ることを修行の目標とする大乗仏教と、阿羅漢に成り涅槃を得ることを目標とする声聞・縁覚のための伝統的な教えとの対比といえる。

第三の権実相対は、『法華経』を実教（真実の教え、実大乗経）とし、『法華経』以前の大乗経典を権教（方便の教え、権大乗経）とした上で、二乗作仏と久遠実成が説かれている『法華経』を真実の教えとするものである。

第四の本迹相対は、『法華経』の本門と迹門を比較し、本門を優れているとするものである。迹門（前半の十四品）は、釈尊が今世での修行の結果、初めて覚りを開いた（始成正覚）という仮のすがた（迹）で説いたものであるのに対して、本門（後半の十四品）では、釈尊が遥かな過去世にすでに成仏していた（久遠実成）という真実のすがた（本地）が明らかにされる。大聖人は、本門で久遠実成が明かされたことによって、あらゆる時代に普遍性をもって存在する真実の因果（仏に成る原因と、仏という結果）が明かされたと解し、久遠実成を説く本門を重視されたのである。[87]

第五の種脱相対は、下種益（衆生の心田に成仏の因である種子を下ろすこと）をもたらす「南無妙法蓮華経」と、脱益[88]（解脱〈苦悩からの解放〉すなわち成仏の利益を得ること）をもたらす『法華経』本門の教えとの対比である。大聖人は、「開目抄」に「一念三千の法門は、ただ法華経の本門寿量品の文の底にしずめたり」（御書五四㌻）と述べ、久遠実成が説かれた如来寿量品第十六の文の底に、『法華経』の肝心である一念三千の法門が示されていると洞察された。一念三千の法門とは、天台大師の説に基づいて大聖人が成仏の原理と見なした教えのことである。『法華経』では、過去世において善業を積んだ衆生が釈尊によって未来の成仏を予言されるが、末法に生まれる衆生には、過去世の善業がないため、仏に成るための種子を新たに下ろし植える必要がある。その仏種について、大聖人は、「観心本尊抄」で「一念三千の仏種」（御書一三四㌻）と表現されている。そして、「一念三千を識らざる者には、仏、大慈悲を起こし、五字の内にこの珠を裹《つつ》み、末代幼稚の頸に懸けしめたもう」（「観心本尊抄」、御書一四六㌻）と述べ、「一念三千の仏種」とは具体的には「南無妙法蓮華経」であると示されたのである。

さらに、「観心本尊抄」では、末法の衆生を成仏させる法として、あらゆる仏教の教えから「南無妙法蓮華経」を選び取る過程が詳細に論じられており（御書一三七～一三九㌻を参照）、その内容は五重三段と位置づけられている。それは、釈尊が説かれた教えを五重にわたって分析し、序分・正宗分・流通分[89]という経典の三段構成を用いて、一切経の中から何が正宗分（中心的な教え）であるかを示したものである。

五重三段の第一重では、釈尊の一切経を対象にした上で、『法華経』と、その開経である『無量義経』と結経[90]である『観普賢菩薩行法経』（『普賢観経』）が正宗分とされた。次に、『法華経』に焦点が絞られ、第二重では、『法華経』方便品第二から分別功徳品第十七の十九行の偈までの十五品半、第三重では、迹門の方便品第二から授学無学人記品第九までの八品がそれぞれ正宗分とされた。さらに、第四重においては、本門十四品の中でも「寿量品と前後の二半」（御書一三八㌻）、すなわち従地涌出品第十五の後半の半品と如来寿量品第十六、分別功徳品第十七の前半の半品が正宗分とされた。

最後の第五重においては、「本門において序・正・流通有り」（同㌻）とされ、本門の立場から序分・正宗分・流通分が立て分けられている。そして、「過去大通仏の法華経より、乃至現在の華厳経、乃至迹門十四品、涅槃経等の一代五十余年の諸経、十方三世の諸仏の微塵の経々は皆、寿量の序分なり。一品二半よりの外は小乗教・邪教・未得道教・覆相教と名づく」（同㌻）と述べられている。第四重まで、釈尊の一切経から『法華経』へ、『法華経』本門へと、対象を段階的に絞って序分・正宗分・流通分を立て分け、本門の「寿量品と前後の二半」（同㌻）が正宗分であると示されたのに対して、第五重では、あらゆる仏たちの経教にまで範囲を拡大した上で、「一品二半」（同㌻）が正宗分であるとされているのである。

　第四重の正宗分も「一品二半」であるが、その意義は、第五重の正宗分である「一品二半」(同ページ)とは異なっている。第五重の「一品二半」(同ページ)の対象となる機根について、大聖人は、「その機を論ずれば、徳薄・垢重・幼稚・貧窮・孤露にして禽獣に同ずるなり」(同ページ)と記されている。これは、末法の衆生の機根を指していると考えられる。よって、第五重の「一品二半」(同ページ)は末法の衆生のためのものである。そのことは、「本門をもってこれを論ずれば、一向に末法の初めをもって正機となす。いわゆる、一往これを見る時は、久種をもって下種となし、大通・前四味・迹門を熟となして、本門に至って等・妙に登らしむ。再往これを見れば、迹門には似ず、本門は序・正・流通ともに末法の始めをもって詮となす。在世の本門と末法の初めは一同に純円なり。ただし、彼は脱、これは種なり。彼は一品二半、これはただ題目の五字なり」(御書一三九ページ)との文に示されている。ここでは、「一往」と「再往」という二つの立場が示されているが、「一往」とは釈尊在世の衆生のための脱益の法門の立場であり、「再往」とは末法の衆生のための下種益の法門の立場である。そして、前者が久遠実成の釈尊による過去の下種に基づいて得脱させる「一品二半」(同ページ)という法門であるのに対し、後者は仏種である「題目の五字」(同ページ)をただちに説き聞かせる法門なのである。

　どちらも、方便を交えず、純粋に仏の覚りの真実を欠けることなく円満に説いた純円の教えであるという点においては同じである。その上で、「彼は脱、これは種なり」（同㌻）とあるように、両者には、すでに仏種が下ろされている正法・像法時代の衆生を成仏という果報に導くためのもの（脱益）か、仏種が下ろされていない末法の衆生を成仏に導くためのもの（下種益）かという、明確な違いがある。そして、大聖人は、「南無妙法蓮華経」という「題目の五字」（同㌻）が末法の一切衆生の成仏を可能にする法であるとされたのである。

第三節　三大秘法

三大秘法とは、「本門の本尊」「本門の戒壇」「本門の題目」をいう。これは、末法の衆生が「南無妙法蓮華経」を自身の内に確立し、さらにその環境にまで働きかけていくための実践方法として、日蓮大聖人が創唱し展開されたものである。

（一）本門の本尊

「本門の本尊」とは、「南無妙法蓮華経」を中心とする文字曼荼羅の御本尊である。日蓮大聖人が、「南無妙法蓮華経」の題目を唱える対境として図顕された御本尊について、大聖人の御化導に従って説明する。

大聖人は、弘教の初期である一二六〇年（文応元年）の「唱法華題目抄」に、唱題行のための本尊について、「第一に本尊は法華経八巻・一巻・一品、あるいは題目を書いて本尊と定むべしと法師品ならびに神力品に見えたり」（御書一七ジペー）と述べ、『法華経』または「南無妙法蓮華経」の題目を本尊とすることを定められている。その根拠として、『法華経』の法師品第十と如来神力品第二十一を挙げられているが、それは次の二つの文を指すと考えられる。

「薬王よ。在在処処《いたるところ》にて、若しは説き、若しは読み、若しは誦し、若しは書き、若しは経巻の住する所の処には、皆応に七宝の塔を起て、極めて高広厳飾ならしむべし。復《また》舎利を安んずることを須《もち》いず。所以は何ん、此の中には已に如来の全身有《いま》せばなり」（法師品、法華経三六二㌻）

「是の故に汝等は、如来滅して後に於いて、応当《まさ》に一心に受持・読・誦・解説・書写し、説の如く修行すべし。在る所の国土に、若し受持・読・誦・解説・書写し、説の如く修行することと有らば、若しは経巻の住する所の処ならば、若しは園中に於いても、若しは林中に於いても、若しは樹の下に於いても、若しは僧坊に於いても、若しは白衣の舎にても、若しは殿堂に在っても、若しは山谷曠野にても、是の中に皆応に塔を起てて供養すべし。所以は何ん、当に知るべし、是の処は即ち是れ道場なればなり。諸仏は此に於いて阿耨多羅三藐三菩提を得、諸仏は此に於いて法輪を転じ、諸仏は此に於いて般涅槃したまう」（如来神力品、同五七二～五七三㌻）

ここには、仏の本体は、遺骨などの物質的なもの（色身）ではなく、仏の覚知した法（法身）にあり、その法を表した経典を崇拝すべきであるという認識が示されている。大聖人は、その法身たる経典として『法華経』を選び取られた。また、経典の在るところに宝塔を立てることを促す法師品・如来神力品に着目されていることから、唱題行のための本尊を宝塔として捉えられていたことがわかる。

そして、大聖人は、竜の口の法難以降、多宝仏の宝塔が現れた『法華経』の虚空会の儀式を用いて、「南無妙法蓮華経」を中心とする文字曼荼羅の御本尊を顕され、信仰実践の本尊として、多くの門下に授与されるようになった。第一章・第三節「(四)上行菩薩の使命の自覚」でも触れたが、大聖人は、竜の口の法難を経て佐渡流罪に遭われた直後、「開目抄」に、「日蓮といいし者は、去年九月十二日子丑時《ねうしのとき》に頸はねられぬ。これは魂魄、佐土《さど》の国《くに》にいたりて、返る年の二月、雪中にしるして有縁の弟子へおくれば、おそろしくておそろしからず」(御書一〇二ジベー)と述べられている。これは、大聖人御自身が、竜の口の法難を契機に、釈尊から「南無妙法蓮華経」を付嘱された上行菩薩の使命に立ち、自らその「南無妙法蓮華経」を覚知したという究極的な自覚に到達されたことを意味する。そして、竜の口の法難以後、大聖人は、その自覚の上から文字曼荼羅の御本尊を顕されていったのである。

「観心本尊抄」(一二七三年〈文永十年〉四月)には、「その本尊の為体《ていたらく》は、本師の娑婆の上に宝塔空《くう》に居《こ》し、塔中の妙法蓮華経の左右に釈迦牟尼仏・多宝仏、釈尊の脇士《きょうじ》たる上行等の四菩薩、文殊・弥勒等は四菩薩の眷属として末座に居し、迹化・他方の大小の諸の菩薩は万民の大地に処して雲客月卿を見るがごとく、十方の諸仏は大地の上に処したもう。迹仏・迹土を表する故なり」（御書一三六㌻）と述べられている。この記述のように、文字曼荼羅の御本尊は、巨大な宝塔に釈尊が多宝仏と並んで座り、地涌の菩薩への付嘱を行う、『法華経』の虚空会の儀式を用いて顕されている。そして、地涌の菩薩に託された法である「南無妙法蓮華経」を中心に大書され、釈尊や多宝仏、上行菩薩等の四菩薩をはじめとする仏・菩薩などが周囲に配されている。(91) この「南無妙法蓮華経」の文字曼荼羅の御本尊は、大聖人の内面に確立された仏の覚りの境地を顕したものである。

御本尊は、末法の一切衆生の修行のために顕されたものである。その修行の目的は、誰もが、自身の生命に仏界が内在することを確信し、その仏界の働きを顕現することである。この実践において、大聖人は「以信代慧（信によって智慧に代える）」を強調されている。仏界が内在することを理論的に理解できなくとも、御本尊を信じて「南無妙法蓮華経」を唱えることで、仏界の働きが顕現するのである。

なお、文字曼荼羅の御本尊を本門の本尊とすることに関して、「観心本尊抄」にある「寿量の仏」（同㌻）、「この仏像」（同㌻）という表現について、また「報恩抄」の「教主釈尊を本尊とすべし」（御書二六一㌻）の文について、説明しておきたい。これらの文を根拠に、彫像などの仏像本尊が主張されることがあるからである。

第一の点について、「観心本尊抄」には、「かくのごとき本尊は在世五十余年にこれ無し。八年の間にもただ八品に限る。正像二千年の間は、小乗の釈尊は迦葉・阿難を脇士となし、権大乗ならびに涅槃・法華経の迹門等の釈尊は文殊・普賢等をもって脇士となす。これらの仏をば正像に造り画けども、いまだ寿量の仏有《まし》さず。末法に来入して始めてこの仏像出現せしむべきか」（御書一三六ジペー）とある。

妙法蓮華経の左右に釈尊と多宝仏を配したこの本尊は、『法華経』八年の説法のうち八品のみに限ると述べられているので、虚空会のうち、地涌の菩薩への付嘱に関わる従地涌出品第十五から嘱累品第二十二までの八品に焦点が絞られたものであることがわかる。ゆえに、直前の文に「その本尊の為体」（同ジペー）として示された「釈尊の脇士たる上行等の四菩薩」（同ジペー）の存在が重要となる。一方、正法・像法時代に造られたり描かれたりした釈尊の仏像や画（絵）像などは、迦葉・阿難や文殊菩薩・普賢菩薩等を脇士とするものであり、(92)小乗・権大乗・『涅槃経』・『法華経』迹門等における釈尊に過ぎない。それに対して、「かくのごとき本尊は」（同ジペー）として示された文字曼荼羅の御本尊が正法・像法時代の釈尊像よりもはるかに優れた本尊であることを明らかにするために、それらの釈尊よりも優れた仏格（仏の位）を持つ「寿量の仏」について述べられている。大聖人が顕された文字曼荼羅の御本尊は、上行等の四菩薩が釈尊の脇士となっているので、この釈尊は『法華経』本門寿量品における釈尊、すなわち「寿量の仏」である。さらに、その「寿量の仏」そのものが、首題の「南無妙法蓮華経」の脇士に位置づけられている。これは、「南無妙法蓮華経」

こそがすべての仏を生み出した能生として、根本の本尊たるべきことを示している。したがって、先の文の趣旨は、「寿量の仏」そのものを本尊とするのではなく、「寿量の仏」が多宝仏、四菩薩などとともに脇士となる文字曼荼羅を本尊とすることにある。そして、「末法に来入して始めてこの仏像出現せしむべきか」（同㌻）とあるように、この御本尊は、結要付嘱を受けた上行菩薩等の四菩薩が末法に出現して、末法の衆生のために初めて顕すのである。よって、「この仏像」の意味は、文字曼荼羅の御本尊と解すべきである。

第二の点について、「報恩抄」には、「問うて云わく、天台・伝教の弘通し給わざる正法ありや。答えて云わく、有り。求めて云わく、何物ぞや。答えて云わく、三つあり。末法のために仏留め置き給う。迦葉・阿難等、馬鳴・竜樹等、天台・伝教等の弘通せさせ給わざる正法なり。求めて云わく、その形貌《ぎょうみょう》いかん。答えて云わく、一には、日本乃至一閻浮提一同に、本門の教主釈尊を本尊とすべし。いわゆる宝塔の内の釈迦・多宝、外の諸仏ならびに上行等の四菩薩、脇士となるべし。二には、本門の戒壇。三には、日本乃至漢土・月氏・一閻浮提に、人ごとに有智・無智をきらわず一同に他事をすてて南無妙法蓮華経と唱うべし」（御書二六〇～二六一㌻）とある。

ここでは、三大秘法は、末法のために釈尊が留め置いた正法であり、迦葉・阿難等から天台・伝教等に至るまで弘通しなかったものであると述べられている。そして、その三大秘法の「形貌（具体的な形）」として、「本門の本尊」については、「日本乃至一閻浮提一同に、本門の教主釈尊を本尊とすべし。いわゆる宝塔の内の釈迦・多宝、外の諸仏ならびに上行等の四菩薩、脇士となるべし」（御書二六一㌻）と述べられている。この「本門の教主釈尊を本尊とすべし」（同㌻）の意味は、それに続く文で、「いわゆる宝塔の内の釈迦・多宝、外の諸仏ならびに上行等の四菩薩、脇士となるべし」（同㌻）と具体的に説明されている。これは、「観心本尊抄」に示された「本尊の為体」（御書一三六㌻）と同様の相貌（様相）である。よって、「本門の教主釈尊を本尊とすべし」とは、『法華経』本門における釈尊が多宝仏、四菩薩などとともに脇士となる文字曼荼羅の御本尊を「本門の本尊」とすることであると解釈できる。文字曼荼羅の御本尊は、釈尊を久遠実成の仏ならしめた根本の法である「南無妙法蓮華経」を具現化した「本門の本尊」なのである。

「南無妙法蓮華経」の文字曼荼羅が「本門の本尊」であることとは、「報恩抄」から二年後に著された「本尊問答抄」（一二七八年〈弘安元年〉九月）によって、より明らかとなる。「報恩抄」は清澄寺の浄顕房に与えられたものであるが、「報恩抄送文」には「御本尊図して進《まい》らせ候」（御書二六二㌻）とあり、大聖人が浄顕房に「報恩抄」とともに文字曼荼羅の御本尊を授与されたことがわかる。この文字曼荼羅の御本尊が「報恩抄」の「本門の教主釈尊を本尊とすべし」（御書二六一㌻）という御教示とどのような関係にあるのかについて浄顕房が質問したことに対する答えとして、大聖人は「本尊問答抄」を浄顕房に宛てて書かれたと推定できる。それゆえ、「本尊問答抄」では、よりはっきりと、「問うて云わく、末代悪世の凡夫は何物をもって本尊と定むべきや。答えて云わく、法華経の題目をもって本尊とすべし」（御書三〇二ジペー）、「問うて云わく、しからば、汝、いかんぞ、釈迦をもって本尊とせずして、法華経の題目を本尊とするや。答う。（中略）私の義にはあらず。釈尊と天台とは、法華経を本尊と定め給えり。末代今の日蓮も、仏と天台とのごとく、法華経をもって本尊とするなり」（御書三〇四ジペー）と明記されている。そして、『法華経』の題目を本尊とする理由として、「法華経は釈尊の父母、諸仏の眼目なり。釈迦・大日、総じて十方の諸仏は、法華経より出生し給えり。故に今、能生をもって本尊とするなり」（同ジペー）と述べられている。釈尊をはじめとして、あらゆる仏は『法華経』によって仏となったのであるから、「所生（生み出されるもの）」である釈尊などの仏を本尊とするのではなく、「能生（生み出す主体）」である『法華経』の題目、すなわち「南無妙法蓮華経」を本尊とすることを、明確に示されているのである。釈尊の仏像ではなく「南無妙法蓮華経」を本尊とすることは、「南無妙法蓮華経」の文字曼荼羅の御本尊こそが「本門の本尊」であるという教示にほかならない。大聖人が多くの門下たちに文字曼荼羅の御本尊を顕し送られたことが、何よりの証である。

大聖人の仏法において、釈尊の仏像ではなく文字曼荼羅の御本尊を本尊として用いるべきことについては、日興上人も「富士一跡門徒存知の事」に、五老僧(93)との本尊観の違いを示して、「五人一同に云わく、本尊においては釈迦如来を崇め奉るべしとて既に立てたり。

（中略）日興云わく、聖人御立の法門においては、全く絵像・木像の仏菩薩をもって本尊となさず、ただ御書の意[94]に任せて妙法蓮華経の五字をもって本尊となすべし。即ち御自筆の本尊これなり」（御書二一八〇ジペー）と述べられている。日興上人は、本門の教主釈尊であることを示す四菩薩（地涌の菩薩の上首）を脇士とする、いわゆる「一尊四士」像の造立は辛うじて容認されたものの、大聖人の真意は文字曼荼羅の御本尊にあり、それを本尊として受持すべきであるとされた。[95]ゆえに、日興上人は仏像の造立は行わず、もっぱら文字曼荼羅の御本尊を書写し、門下に授与されたのである。

なお、日蓮正宗[96]では「本門の本尊」は「弘安二年の御本尊[97]」に限ると主張するが、大聖人は単一の御本尊だけが正統であるといった教示はされていない。日興上人は「富士一跡門徒存知の事」で、「この御筆の御本尊は、これ一閻浮提にいまだ流布せず、正像末にいまだ弘通せざる本尊なり」（同ジペー）と述べられているが、「この御筆の御本尊」とは特定の御本尊ではなく大聖人が顕された御本尊すべてを指し、日興上人はそれらを等しく尊重されたのである。したがって、創価学会では、日興上人の御精神に則り、末法の衆生のために大聖人御自身が顕された御本尊と、それを書写した御本尊は、すべて「本門の本尊」と拝する。その上で、それら「本門の本尊」の中で創価学会員が信仰の対象とするのは、日蓮大聖人御遺命の広宣流布を事実の上で進める創価学会が受持の対象として認定した御本尊である。

（二）本門の戒壇

戒壇とは、戒を授受する儀式を行う場所のことである。もともと特定の場所があったわけではなく、儀式を行う定足数（通例は十人）がそろえば戒を授けることが可能であったが、東アジアでは寺院の特定の区域が授戒専用の場所として設定されるようになった。

戒とは、仏法者が身につけるべき戒・定・慧の三学[98]の第一である。仏道修行に励むことを誓い、その誓願によって、自らの修行を清らかに進めるための防非止悪（非を防いで悪を止めること）の力が具わるというのが本義である。出家して仏門に入ることを希望した者は、戒壇において、仏・法・僧の三宝に帰依し、戒師の前で戒律の順守を誓い、それによって出家教団（僧伽）への帰属を許された。すなわち、戒壇は、戒を受ける個人にとって教団への帰属を誓う場であり、戒を授ける教団にとっては新たな出家修行者を生み出す場であった。

日蓮大聖人が示された「本門の戒壇」は、「本門」との言葉に着目すれば、「迹門の戒壇」に対するものである。「迹門」とは、釈尊が、久遠実成という本地ではなく、今世で初めて覚りを開いたという仮の姿（迹）で教えを説く『法華経』前半のことであるが、ここでは久遠実成を明かす『法華経』後半（本門）を前面に立てる大聖人の仏法に対して、天台宗の立場のことをいう。すなわち、「迹門の戒壇」とは、比叡山の天台宗の戒壇のことである。

伝教大師は、初期仏教以来の律[99]を小乗戒と見なし、『梵網経』[100]に説かれる在家菩薩・出家菩薩に共通の戒を採用し、大乗戒（『梵網経』の戒。梵網戒）のみによって大乗の出家者（僧侶）になれると主張した。その主張が認められ、伝教大師の没後、比叡山では梵網戒によって出家することが行われるようになった。この梵網戒を授ける場所を、大乗戒壇と呼ぶ[101]。

大聖人は、この比叡山の戒壇について、『法華経』に基づく戒壇を建立したと解して高く評価する[102]一方で、それは迹門の戒にとどまるものであり、末法では無益であると批判されている[103]。比叡山の戒壇を否定しながら、その建立自体を高く評価された理由として、「報恩抄」には、「叡山の大乗戒壇すでに立てさせ給いぬ。されば、内証は同じけれども、法の流布は、迦葉・阿難よりも馬鳴・竜樹等はすぐれ、馬鳴等よりも天台はすぐれ、天台よりも伝教は超えさせ給いたり」（御書二六〇ジペー）と述べられている。すなわち、大乗戒壇の建立によって、『法華経』に基づく戒を授け、「法の流布」を受け継ぐ人材が生み出されることになったと見なされたからである。それを踏まえれば、大聖人が「本門の戒壇」を打ち出されたのは、『法華経』本門の肝心である「南無妙法蓮華経」を広宣流布するためであり、それを担う人材の輩出を企図されたからであるといえよう。

また、戒壇で授与される戒について、大聖人は、具体的な行為を細かに規制する戒（律）を排し、妙法を堅固に信受することを根本の戒とされた。「守護国家論」では、『法華経』見宝塔品第十一[104]を引いて、「末代においては、四十余年の持戒無し。ただ法華経を持つを持戒となす」（御書三八九ジベー）と記されている。すなわち、『法華経』に基づいて受持即持戒を主張されたのである。その観点からいえば、御本尊を信受し「南無妙法蓮華経」を唱える実践そのものに戒が充足されることになり、その場が戒壇の意義を有するといえる。そして、大聖人が志向された戒壇が、広宣流布を担う人材を輩出するためのものであることを踏まえれば、広い意味では、人々が広宣流布を誓願し大聖人の仏法を実践するとき、その場が「本門の戒壇」となるといえよう。

一方、中世における一般的な理解として、戒壇は、正式な僧侶として認定するための儀式を行う特定の建造物として捉えられていた。そのような理解に基づいて、大聖人が亡くなられた後、日蓮門下の一部には、建造物としての戒壇を建立しようとする運動が現れた。一九七二年十月に日蓮正宗の総本山である大石寺に建設された正本堂は、そうした背景を踏まえ、広宣流布の象徴として、創価学会が全面的に推進して建立したものである。

その上で、大聖人が示された「本門の戒壇」には、特定の建造物を超える意義がある。大聖人は、比叡山の戒壇について「霊山八年を除いて一閻浮提の内にいまだ有らざるところの大戒場」（「曽谷入道殿許御書」、御書一四〇二ジベー）と述べられていることから、霊鷲山での『法華経』の付嘱そのものが戒を授ける場（戒場）であったと認識されていたと考えられる。したがって、『法華経』の虚空会の儀式を用いて顕された「本門の本尊」に向かって「本門の題目」を唱える場は、とりもなおさず『法華経』の会座と同じ意義を持つといえるのであり、その場そのものが「本門の戒壇」と見なすことができる。それは『法華経』に基づく受持即持戒の本義にかなうものである。

また、これまで考察したように、「本門の本尊」を信受し「本門の題目」を唱えることこそが戒の本質であるから、創価学会員各自がそれぞれの家庭などで御本尊に向かって題目を唱える場が「本門の戒壇」であるといえる。さらに、全世界の会員が集い広宣流布を誓う広宣流布大誓堂（創価学会総本部内）をはじめ、自行化他の実践に励む場である世界各国・日本国内の各会館も、「本門の戒壇」の意義を持つといえよう。

（三）本門の題目

日蓮大聖人は、『法華経』の題目である「南無妙法蓮華経」こそ『法華経』の肝心であり、末法の衆生が成仏するための法であると覚知し、それを根本の教え（宗）として、すでに立宗の時点において、「南無妙法蓮華経」を信じて唱える唱題行を打ち立てられた。三大秘法の一つとしての「本門の題目」は、この唱題行をいう。

初期に著された「守護国家論」（一二五九年〈正元元年〉）では、『法華経』の題目を唱える唱題行の論拠について、「法華経の第五に云わく『文殊師利よ。この法華経は無量の国の中において、乃至名字をも聞くことを得べからず』。第八に云わく『汝等はただ能く法華の名《みな》を受持せん者を擁護せんすら、福は量るべからず』」（御書四二九ジペー）と『法華経』の文を挙げ、『法華経』に記された「名字」「法華の名」が『法華経』の題目であることを示されている。そして、『法華経』の題目を唱える人は過去世の宿善が深く、たとえ今生は悪人や無智の人であっても、地獄界・餓鬼界・畜生界という三悪道に堕ちることはないとされた（同ページ）。この翌年に著された「唱法華題目抄」（一二六〇年〈文応元年〉）でも、「法華経を信じ侍るは、させる解なけれども三悪道には堕つべからず候。六道を出ずることは、一分のさとりなからん人は有り難く侍るか」（御書四ページ）と述べ、『法華経』を信じ唱題する人は三悪道に堕ちることはないが、さらに六道輪廻から脱するためには、少しでも理解することが必要だとされている。その上で、同抄では、「妙法蓮華経の五字を唱うる功徳莫大なり。『諸仏・諸経の題目は法華経の所開なり。妙法は能開なり』としりて、法華経の題目を唱うべし」（御書一九ページ）と述べ、「妙法蓮華経」を唱える功徳が絶大であることを強調されている。

その後、伊豆流罪を経て、「法華経の行者」の自覚を得られた大聖人は、唱題行の意義をさらに深めていかれた。「法華経題目抄（妙の三義の事）」（一二六六年〈文永三年〉）では冒頭に、「問うて云わく、法華経の意をもしらず、ただ南無妙法蓮華経とばかり、五字七字に限って一日に一遍、一月乃至一年・十年・一期生の間にただ一遍なんど唱えても、軽重の悪に引かれずして四悪趣におもむかず、ついに不退の位にいたるべしや。答えて云わく、しかるべきなり」（御書五三一～五三二ページ）と述べ、唱題行によって成仏が約束された「不退の位」に入ることが明言されている。そして、「一部八巻二十八品を受持・読誦し、随喜・護持等するは広なり。方便品・寿量品等を受持し、乃至護持するは略なり。ただ一四句偈、乃至題目ばかりを唱え、となうる者を護持するは要なり。広・略・要の中には題目は要の内なり」（御書五三四〜五三五ジペー）と述べ、「南無妙法蓮華経」の唱題行が根本の要行であることを教示されている。さらに、「竜樹菩薩、大論に云わく『譬えば、大薬師の能く毒をもって薬となすがごとし』云々。この文は、大論に法華経の妙の徳を釈する文なり。妙楽大師、釈して云わく『治し難きを能く治す。ゆえに妙と称す』等云々。総じて成仏・往生のなりがたき者四人あり。第一には決定性の二乗、第二には一闡提人、第三には空心の者、第四には謗法の者なり。これらを法華経において仏になさせ給う故に、法華経を妙とは云うなり」（御書五三七〜五三八ジペー）と述べ、「妙法蓮華経」に含まれる「妙」の力用により、『法華経』以外の諸経典では不可能だった一切衆生の成仏が可能になるとされた。

そして、竜の口の法難を経て著された「観心本尊抄」（一二七三年〈文永十年〉）には、「釈尊の因行果徳の二法は妙法蓮華経の五字に具足す、我らこの五字を受持すれば、自然に彼の因果の功徳を譲り与えたもう」（御書一三四〜一三五ジペー）と述べられている。釈尊を仏にした因行も、仏として具えている果徳も、「妙法蓮華経の五字」に具足しているがゆえに、誰もが唱題行によって自然のうちに成仏できることが明かされているのである。

こうして「本門の題目」を確立された大聖人は、一二七八年（弘安元年）に著された「上野殿御返事（末法要法の事）」において、「今、末法に入りぬれば、余経も法華経もせん（詮）なし、ただ南無妙法蓮華経なるべし。こう申し出だして候もわたくしの計らいにはあらず、釈迦・多宝・十方諸仏・地涌千界の御計らいなり。この南無妙法蓮華経に余事をまじえば、ゆゆしきひが事なり」（御書一八七四ジペー）と、「南無妙法蓮華経」の唱題行に他の修行を混ぜることを厳しく戒められている。

「報恩抄」（一二七六年〈建治二年〉）に、「本門の題目」について、「このこといまだひろまらず。一閻浮提の内に仏の滅後二千二百二十五年が間、一人も唱えず。日蓮一人、南無妙法蓮華経・南無妙法蓮華経等と声もおしまず唱うるなり」（御書二六一ジペー）と述べられているように、もっぱら「南無妙法蓮華経」のみを繰り返し唱える点において、「本門の題目」の唱題行は大聖人が初めて確立された修行法である。

また、「本門の題目」は、自身が成仏のために唱えるべきものであるが、それとともに、それを他に弘め、他にも唱えさせるべきものである。そのことを大聖人は、「撰時抄」に、「欽明より当帝にいたるまで七百余年、いまだきかず、いまだ見ず、南無妙法蓮華経と唱えよと他人をすすめ、我と唱えたる智人なし。（中略）日蓮は日本第一の法華経の行者なること、あえて疑いなし」（御書一九九ジペー）と述べ、「南無妙法蓮華経」の題目を自身も唱え他にも勧めてきた自行化他の振る舞いを、自らが法華経の行者であることの証とされた。そして、「衆流あつまりて大海となる。微塵つもりて須弥山となれり。日蓮が法華経を信じ始めしは、日本国には一渧一微塵のごとし。法華経を二人・三人・十人・百千万億人唱え伝うるほどならば、妙覚の須弥山ともなり、大涅槃の大海ともなるべし。仏になる道は、これよりほかに、またもとむることなかれ」（「撰時抄」、御書二〇五ページ）と述べ、自行化他にわたって「南無妙法蓮華経」の題目を唱え弘めることが、成仏を可能とする「本門の題目」の本義であることを教えられている。

第四節　末法の御本仏・日蓮大聖人

創価学会では、日蓮大聖人を「末法の御本仏」と尊称している。日蓮大聖人は、単に釈尊から託された「南無妙法蓮華経」を弘める菩薩であるにとどまらず、仏と同じ権能を有して、末法の一切衆生を救う教えを説いた教主である。

（一）上行菩薩の使命を果たす

第一章でも略述したが、地涌の菩薩は、釈尊滅後の『法華経』の流布を担うため、釈尊の呼びかけに応じて、『法華経』従地涌出品第十五で出現した菩薩である。

同品には、この地涌の菩薩は、神通力、智慧、忍辱力に優れていること、精進して智慧を求めること、静かな場所を好むこと、頭陀行・梵行を行うこと、問答に巧みであること、世間の法に汚染されない清浄な存在であること、巧みな説法をすること、多くの経典を読誦し、それに通暁していることなどが描かれている。また、地涌の菩薩の上首には上行菩薩、無辺行菩薩、浄行菩薩、安立行菩薩の四菩薩がいて、その中でも上行菩薩が筆頭である。

この地涌の菩薩の性格を明らかにするためには、釈尊滅後に『法華経』を受持・弘通する者について言及されている法師品第十の内容に注目する必要がある。そこには、彼らは過去世においてすでに最高の正しい覚りを完成した者であるが、衆生への大慈悲心から、あえてその清浄な業の果報を捨てて悪世に生まれて『法華経』を説き弘めると説かれている。そして、如来の使いとして如来に派遣され、如来の仕事、すなわち『法華経』による衆生の救済を行うことが明言されているのである。(105)

如来神力品第二十一において釈尊は上行菩薩等の地涌の菩薩に付嘱を行うが、日蓮大聖人がその付嘱の法こそ「南無妙法蓮華経」であると覚知されたことは、すでに述べた通りである。大聖人が、その「南無妙法蓮華経」を具体的に三大秘法として示し、末法の衆生の成仏のための修行方法を確立して、それを弘通したことは、地涌の菩薩の先頭に立つ上行菩薩としての使命を果たされたものであると解釈できる。

第一章・第三節「(四) 上行菩薩の使命の自覚」でも言及したように、大聖人は表現の上では、自身が上行菩薩であるとは明言されていないが、事実の上で、上行菩薩の果たすべき役割をすべて成し遂げられたといえる。

(二) 末法の御本仏

第一章・第三節「(四) 上行菩薩の使命の自覚」でも引用したが、日蓮大聖人は、「法華経に云わく『もし善男子・善女人、我滅度して後、能くひそかに一人のためにも、法華経の乃至一句を説かば、当に知るべし、この人は則ち如来の使いにして、如来に遣わされて、如来の事を行ず』等云々。法華経を一字一句も唱え、また人にも語り申さんものは、教主釈尊の御使いなり。しかれば、日蓮、賤しき身なれども、教主釈尊の勅宣を頂戴してこの国に来れり」(「四条金吾殿御返事(梵音声の事)」、御書一五二六~一五二七ジペー)と、先に言及した法師品の文を引いた上で、自身が釈尊から滅後の『法華経』の流布を託された「如来の使い」であるという自覚を示されている。

第一章・第三節「(三) 法華経の行者」で述べたように、大聖人は、『法華経』に予言された大難を受け『法華経』が真実であることを証明した、末法の法華経の行者であるという自覚を生涯、持ち続けられた。「開目抄」には、「日蓮が法華経の智解は天台・伝教には千万が一分も及ぶことなけれども、難を忍び慈悲のすぐれたることはおそれをもいだきぬべし」(御書七二ジペー)と述べ、『法華経』は理解するだけでなく、その通りに実践することが重要であるとして、自身こそ、それを成し遂げた第一人者であるとされた。さらに、末法の人々を救うという誓願を、「詮ずるところは、天もすて給え、諸難にもあえ、身命を期とせん。(中略) 我日本の柱とならん、我日本の眼目とならん、我日本の大船とならん等とちかいし願いやぶるべからず」（御書一一四ページ）と述べられている。そして、「報恩抄」には、「日蓮が慈悲曠大ならば、南無妙法蓮華経は万年の外《ほか》未来までもながるべし。日本国の一切衆生の盲目をひらける功徳あり。無間地獄の道をふさぎぬ」（御書二六一ページ）と、末法の一切衆生を救う道を開いたことを述べられている。

また、「曽谷入道殿許御書」には、「大覚世尊、寿量品を演説し、しかして後に十神力を示現して、四大菩薩に付嘱したもう。その所嘱の法は何物ぞや。法華経の中にも、広を捨てて略を取り、略を捨てて要を取る。いわゆる、妙法蓮華経の五字、名・体・宗・用・教の五重玄なり」（御書一三九九ページ）と述べ、自らが覚知し弘める「南無妙法蓮華経」が、釈尊から末法の衆生のために地涌の菩薩に託されたものであることを明かされている。

このように、大聖人は、法華経の行者という使命に立ち、釈尊から『法華経』の肝心である「南無妙法蓮華経」を託された地涌の菩薩であるという自覚を持って、末法の一切衆生の成仏を可能とする三大秘法を確立されたのである。

大聖人は、「開目抄」において、「一切衆生の尊敬すべき者三つあり。いわゆる主・師・親これなり」（御書五〇ページ）と説き起こされ、結論として、「日蓮は日本国の諸人にしゅうし父母（主師親）なり」[106]（御書一二一ページ）と、自身が末法の人々にとって主師親の三徳を具備した存在であることを述べられている。主徳とは人々を守る力・働きであり、師徳とは人々を導き教化する力・働きであり、親徳とは人々を育て慈しむ力・働きをいう。本来、この主師親の三徳は仏教では仏に具わるものであり、そのことを大聖人は諸御抄に幾度も記されている。[107] その上で、大聖人は、「撰時抄」に、「法華経をひろむる者は、日本の一切衆生の父母なり。章安大師云わく『彼がために悪を除くは、即ちこれ彼が親なり』等云々。されば、日蓮は、当帝の父母、念仏者・禅衆・真言師等が師範なり、また主君なり」（御書一七三ページ）と、先の「開目抄」と同じ趣旨を述べて、自身こそ現在の迷える衆生にとっての主師親であると述べられている。

末法の人々が成仏する方途は、大聖人が示された「南無妙法蓮華経」の三大秘法である。ゆえに、創価学会では、末法の万人成仏の法を明かした「教主」であるという意義から、大聖人を「末法の御本仏」と仰ぐのである。[108] また、そうした尊崇の意義を込め、「大聖人」と尊称している。

大聖人は、竜の口の法難以後も、「撰時抄」に「日蓮は凡夫なり」（御書二〇〇ページ）と述べ、「顕仏未来記」に「日蓮は名字の凡夫」（御書六〇九ページ）と述べられるなど、自身が凡夫[109]であることを強調されている。大聖人は、凡夫の身を捨てることなく、その身に仏界を現された。まさに、大聖人は、凡夫の成仏の先駆の道を現実に開かれたのである。

創価学会において日蓮大聖人を「末法の御本仏」と仰ぐことには、凡夫の成仏の道を現実に開いた大聖人を範として、私たち一人一人もまた凡夫として成仏を目指すという意義が込められている。

第三章　一生成仏と広宣流布・立正安国

第一章・第三節「(三)法華経の行者」において、日蓮大聖人が、個人の成仏すなわち「一生成仏」と、社会の変革すなわち「立正安国」という二つの目的を示されたことを指摘した。本章では、このことを説明する。

まず、大聖人が一生成仏の原理として重視された一念三千について、天台大師の教説と、それを踏まえた大聖人の仏法における展開について説明する。次に、大聖人の仏法のもう一つの目的である、広宣流布・立正安国について説明する。

第一節　一念三千

一念三千とは、『法華経』方便品第二に「唯仏と仏とのみ乃《いま》し能く諸法の実相を究尽《くじん》したまえり」(法華経一〇八ジペー)と説かれる「諸法実相」(天台大師によれば、諸法実相は『法華経』のみではなく、すべての大乗経典の本体・真理とされる)の文について、中国の天台大師がその内的構造を明らかにした理論である。この文は、諸法実相の究極的な認識は仏だけに可能であることを示しており、天台大師は、それを踏まえて、諸法実相の内実を止観の実践のために一念三千として理論化した。

天台大師は、すべての事象・存在を意味する諸法について、私たちにとって最も身近で現実的な存在としての一瞬の心（一念心）・生命[110]に観察の焦点を絞って、その実相、つまり真実ありのままの様相を把握しようとした。それが一念心に三千世間（生命の主体と環境にわたる、あらゆる可能な在り方）を具えることであり、これを一念三千と呼んでいる。

この天台大師の一念三千の理論は『摩訶止観』に説かれている。日蓮大聖人は、「観心本尊抄」の冒頭に、この『摩訶止観』巻第五の正修止観章の文[111]を引用し、「夫れ、一心に十法界を具す。一法界にまた十法界を具すれば、百法界なり。一界に三十種の世間を具すれば、百法界には即ち三千種の世間を具す。この三千、一念の心に在り。もし心無くんば已みなん。介爾《けに》も心有らば、即ち三千を具す 乃至 ゆえに称して不可思議境となす。意ここに在り」（御書一二二ページ）と、論を起こされている。そして、「観心とは、我が己心を観じて十法界を見る、これを観心と云うなり」（御書一二五ページ）と述べ、凡夫である自己の心・生命に十界、ひいては三千世間が具わることを観察することが、天台大師が示した観心という修行の目的であるとされている。

この三千世間を構成する概念が、十界（十界互具）、十如是、三世間（五陰世間・衆生世間・国土世間）である。十界は『法華経』や『華厳経』に基づいて提示された概念であり[112]、十如是は先に引用した『法華経』の諸法実相の文の直後に説かれている。また、三世間は『大智度論』を由来とする[113]。

以下、順に十界、十界互具、十如是、三世間について説明する。

(一) 十界

「十界」とは、衆生の生命境涯を十種に分類したものである。創価学会では、日蓮大聖人の「観心本尊抄」の教示をもとに、十界を人間の境遇・境涯の分類に用いることによって、人々の生命境涯の現状や目標としての成仏を示す生命論として位置づけている。

十界とは、地獄界・餓鬼界・畜生界・修羅界・人界・天界・声聞界・縁覚界・菩薩界・仏界の十種の生命境涯である。

このうち、地獄界から天界までを六道という。それらは元来、古代インドの神話において、衆生がそれぞれの善悪の行い(業)の報いとして生まれて住む六種の世界を指していた。第一章・第一節で触れたように、古代インドの支配的な伝統思想のバラモン教では、秘密の知識に基づく儀礼を行うという善行によって天(神々)が住む世界(天界)に生まれることを求めた。なお、六道に住む衆生はまとめて六凡と呼ばれる。

これに対して、仏教は、天界に生じても六道を輪廻することから免れないため、それからの解放(解脱)を目指した。解放(解脱)の概念が発達・変化する中で、六道の迷いの境涯を超越しようとする仏道修行者の三類型である声聞・縁覚・菩薩と、仏道修行の最終的な目標である仏が立てられた。これらを、まとめて四聖と呼ぶ。これらは、初期には、修行の過程とそれによって得られた成果の違い、すなわち内面の境涯の違いであったが、部派仏教のアビダルマ（論）において、その内面の境涯に対応した世界が措定されるようになり、空間的な位置づけがなされるようになった。大乗仏教でも、菩薩の修行の段階や仏身の違いに応じて、空間的な違いがあるとされ、四土(114)（四種類の国土）などが説かれた。

十界は、このように十種の生命境涯の相違を意味するものであるが、後述する十界互具の理論によって、人界にも潜在的な可能性として十界が具わっていることが説かれ、現状の境涯は固定的なものではなく、縁（外的条件）に応じて変化するものであることが示される。

大聖人は、十界について、「観心本尊抄」において、十界のそれぞれが人界である私たちの心に潜在していることを、日常生活を例として、わかりやすく説明されている。

①地獄界

地獄界は、苦しみに縛られた最低の境涯である。「観心本尊抄」には「瞋《いか》るは地獄」（御書二四一ページ）と述べられている。「瞋り」とは、苦の世界にとらわれ、どうすることもできない憤懣やるかたない心であり、存在の奥底からの怨嗟といえる。生きていること自体が苦しく、すべてが不幸に感じる境涯である。

②餓鬼界

餓鬼界とは、もともとは餓鬼（常に飢えて食べ物を欲している死者）の苦悩の世界であり、欲望が満たされずに苦しむ境涯である。「観心本尊抄」には「貪《むさぼ》るは餓鬼」（同ジペー）と述べられている。際限のない欲望に振り回され、そのために心が自由にならず、苦しみを生じる。

③畜生界

畜生界とは、もともとは鳥や獣などの動物が生きる弱肉強食の世界であり、目先の利害にとらわれ、理性が働かない苦悩の境涯である。「観心本尊抄」には「癡《おろ》かは畜生」（同ジペー）と述べられている。因果の道理がわからず、正邪・善悪の判断に迷い、本能や衝動に従って行動する。

④修羅界

修羅界は、もともとは修羅（阿修羅）の世界であり、自分と他者を比較し、常に他者に勝ろうとする心を強くもった境涯である。「観心本尊抄」には「諂曲《てんごく》なるは修羅」（同ジペー）と述べ、他者に勝ろうとする心を隠して、強い相手には迎合していく傾向性を指摘されている。

⑤人界

人界は、穏やかで平静な生命境涯であり、人間らしさを保っている状態である。「観心本尊抄」には「平らかなるは人」（同ジペー）と述べられている。人界は、因果の道理を知り、物事の善悪を判断する理性の力が働いている状態である。

⑥天界

天界は、もともと天（神々）の世界であり、前世に積んだ善根の果報として生まれる安楽な世界である。「観心本尊抄」には「喜ぶは天」（同ジペー）と述べられている。物質的・精神的な欲求・欲望が満たされた時に感じる喜びの境涯であるものの、一時的なものであり永続性がない。

⑦声聞界　⑧縁覚界

声聞界と縁覚界の二つは、まとめて「二乗」界と呼ばれる。声聞は、仏の教えを聞いて阿羅漢の覚りを目指す出家修行者であり、声聞界はその境涯である。縁覚は、さまざまなものごとを縁として独力で覚りを求める出家修行者（声聞の教団に属さない。独覚ともいう）であり、縁覚界はその境涯である。『法華経』では声聞は四諦を、縁覚は十二因縁をそれぞれ修行するとされている（四諦と十二因縁については第一章・第一節を参照）。四諦・十二因縁は縁起を述べたものであり、縁起とは、すべての存在（諸行）には固定的な実体はなく、常に変化していること、すなわち無常であることを意味している。「観心本尊抄」には、「世間の無常は眼前に有り。あに人界に二乗界無からんや」（同ジペー）と述べられている。

⑨菩薩界

菩薩界は、仏の覚りを得ようと不断の努力をする（自行）とともに、仏の教えを伝えて人々を救済しようとする（化他）菩薩の境涯である。慈悲の心を他者に向け、それを生き方の根本に据える点に特徴があり、「観心本尊抄」には「無顧の悪人もなお妻子を慈愛す。菩薩界の一分なり」（同ジベー）と述べられている。

⑩仏界

「観心本尊抄」には「ただ仏界ばかり現じ難し。九界を具するをもって、強いてこれを信じ、疑惑せしむることなかれ」（同ジベー）とあり、一般に仏界は現れがたいが、他の九界を具えていることによって仏界の存在を信じるべきであるとされている。その上で、「末代の凡夫、出生して法華経を信ずるは、人界に仏界を具足するが故なり」（同ジベー）と述べ、万人成仏の法を信じることは仏界の働きであると示されている。そして、「尭・舜等の聖人のごときは、万民において偏頗《へんぱ》無し。人界の仏界の一分なり。不軽菩薩は見るところの人において仏身を見る。悉達太子は人界より仏身を成ず。これらの現証をもってこれを信ずべきなり」（御書一二九ジベー）と説かれ、三つの例を引いて、人界の中に仏界が具わっていることを強調されている。

仏は智慧と慈悲にあふれた存在であるので、仏界とは、智慧と慈悲に満ちた尊極な生命境涯であるといえる。

(二) 十界互具

十界互具とは、地獄界から仏界までの十界の各界の衆生の生命には、現れている界だけでなく他の九界も因として具わっていることを明かした法理である。すなわち、九界の衆生にも仏界が具わり、仏にも九界が具わるということである。

日蓮大聖人は、「日妙聖人御書」に、「民の現身に王となると、凡夫のたちまちに仏となると、同じことなるべし。一念三千の肝心と申すはこれなり」(御書一六八一ジペー)と述べ、万人の即身成仏を明らかに示すことが一念三千の肝心であるとされた。そして、「開目抄」には、「一念三千は十界互具よりことはじまれり」(御書五四ジペー)と述べ、十界互具が一念三千の法門の根幹であるとされた。十界互具によって、あらゆる衆生がただちに仏界を現すことが可能となるからである。

諸経典においては、九界と仏界の間には超えがたい断絶があり、仏界を現そうとすれば九界の悪を滅する必要があった。そのことを、大聖人は、「法華経已前の諸経は、十界互具を明かさざれば、仏に成らんと願うには必ず九界を厭う。九界を仏界に具せざるが故なり。されば、必ず悪を滅し煩悩を断じて仏には成ると談ず。凡夫の身を仏に具すと云わざるが故に。されば、人天・悪人の身をば失って仏に成ると申す。これをば、妙楽大師は厭離断九の仏と名づく」(115)(「一代聖教大意」、御書三四五ジペー)と述べられている。大聖人は、こうした認識のもと、二乗作仏や悪人成仏・女人成仏を説いた『法華経』は十界互具を明かしていると洞察し、それを『法華経』が他の経典より優れている点の一つとされた。『法華経』において十界互具が明示されたことによって、九界と仏界の断絶がなくなり、九界の凡夫の身に仏界の生命を現すという万人成仏の道が開かれたと理解されたのである。

(三) 十如是

十如是とは、『法華経』方便品第二に説かれる如是相・如是性・如是体・如是力・如是作・如是因・如是縁・如是果・如是報・如是本末究竟等のことであり、諸法実相、すなわち、すべてのものごとの真実の在り方を把握する項目として示されたものである。

創価学会では、以下のように現代的に解釈している。

「相」とは、外面に現れて、外から認識・識別できる様相のことである。

「性」とは、内面にあって一貫している性質のことである。

「体」とは、「相」と「性」を具えた本質・本体のことである。

以上の「相」「性」「体」の三如是は、すべてのものごとの三つの本体部分である。これに対して、以下の七如是は、本体に具わる機能面を表している。

「力」とは、ものごとに内在している力、潜在的能力である。

「作」とは、内在している力が具体的な働きとして顕在化したものである。

以下の「因」「縁」「果」「報」は、ものごとが変化していく様相を示している。

「因」とは、主体に内在する直接的原因のことである。

「縁」とは、外から因に働きかけ、結果へと導く補助的原因のことである。

「果」とは、因に縁が結合（和合）して、内面に生じた目に見えない結果のことである。

「報」とは、その果が時や縁に応じて外に現れ出た報いのことである。

「本末究竟等」とは、最初（本）の「相」から最後（末）の「報」までの九つの如是が、一つの界として一貫性を保持していることをいう。

このように、十如是とは、十界のいずれの衆生にも、すべて等しく観察され、この十項目において、その界の一貫性を保持していることを示した理論である。仏も、九界の衆生も、この十如是という同じ構造を持ち、それぞれの行動を因として、十界を現出するのである。

(四) 三世間

三世間とは、「五陰世間」「衆生世間」「国土世間」である。ここでいう世間とは差異のことで、十界の境涯の差異が具体的に認識できるのは、五陰・衆生・国土という領域においてである。

このうち、衆生について、その境涯によって類別して十界が立てられた。衆生に十界の違いがあることを「衆生世間」という。

そして、個々の衆生は、五陰という五つの構成要素が仮に集まって成立しているとする。その五陰とは、色・受・想・行・識の五要素である。このうち「色陰」とは、個体を構成する物質的・現象的側面である。「受陰」とは、知覚器官である六根（眼根・耳根・鼻根・舌根・身根・意根）を通して外界を受け入れる感受作用である。「想陰」とは、受け入れた知覚を心に想い浮かべる表象作用である。「行陰」とは、想陰に基づいて想い浮かべたものに対する能動的な働きであり、意思や欲求などのさまざまな心の作用をいう。「識陰」とは、ものごとを認識し判断する心の作用である。この五陰にも、十界それぞれの特徴があり異なっていることを「五陰世間」という。

また、衆生が住む国土に、十界の差異があることを「国土世間」という。

以上の十界（十界互具）・十如是・三世間を総合して成立したのが、一念三千である。自己の一瞬の心に三千世間が具わっていることは、私たちの通常の理性的認識を超えたものなので、『摩訶止観』においては、一念三千は不可思議境、つまり人間の思索も言語表現も及ばない観察の対象であると位置づけられている。

一念三千は本来、一念に三千世間を具足するという面を解明したものであるが、もう一方で、一念が三千世間に遍く広がることを明かす遍満の意義も有する。妙楽大師は、一念三千を観察する『摩訶止観』の観法について、「当に知るべし、身土は一念の三千なり。

故に、成道の時、この本理に称《かな》って、一身一念法界に遍し」(116)と述べ、自己が仏道を成就した場合に、仏国土が実現すること、つまり自己の仏界が法界すなわち宇宙に遍満していくことを示した。一念三千は、一念に三千が具わるとともに、一念が三千へと及んでいくという法門であり、自身の一念が森羅万象と影響し合うことを示していると捉えることができる。

さらに、日蓮大聖人は「一念三千は情・非情に亘る」(「観心本尊抄」、御書二一四ページ)と述べ、一念三千が有情である人間や動物のみならず、非情の国土世間をも範囲とすることを強調されている。

こうした原理を踏まえて、創価学会では、一念三千をさらに実践的に展開し、自身の一念(生命)の変革が、自身の生命境涯を変革し、それが周囲や環境の変革をもたらしていくことを示した法門として位置づけている。常に自分自身から出発する変革への弛みなき挑戦が、一念三千の法理に基づく実践であると捉えるのである。

(五)「まことの一念三千」

一念三千は、凡夫の一念心に三千世間が具わることを観察、覚知する観法であるが、日蓮大聖人は、この一念三千の法門によって、あらゆる生命に仏界が具わり、一切衆生が成仏する原理が理論的に明示されたことになるとして重視された。

天台大師は『摩訶止観』において、『法華経』方便品第二の諸法実相・十如是に基づいて一念三千の観法を立てたが、大聖人は、「一念三千の出処は略開三の十如実相なれども、義分は本門に限る」（「十章抄」、御書一六六五㌻）と述べ、『法華経』本門に至って初めて一念三千の法門が完成すると指摘されている。また、「開目抄」には、「迹門方便品は一念三千・二乗作仏を説いて、爾前二種の失《とが》一つを脱れたり。しかりといえども、いまだ発迹顕本せざれば、まことの一念三千もあらわれず、二乗作仏も定まらず、水中の月を見るがごとし。根なし草の波の上に浮かべるににたり」（御書六六㌻）と述べ、久遠実成が説かれた本門に至らなければ、一念三千が完全には説かれたことにはならないと指摘されている。

如来寿量品第十六で、久遠実成が示されたことで、釈尊に久遠以来、仏界が具わっていたことが明かされた。そして、「我は本《もと》菩薩の道を行じて」（法華経四八二㌻）と説かれるように、その久遠の仏身にも菩薩界を代表とする九界が具わることが示された。ここに、無始無終にわたる十界互具が明示されたのである。そのことを「開目抄」には、「本門にいたりて（中略）本門の十界の因果をとき顕す。これ即ち本因本果の法門なり。九界も無始の仏界に具し、仏界も無始の九界に備わって、真の十界互具・百界千如・一念三千なるべし」（御書六六㌻）と述べられている。

大聖人は、天台大師が『摩訶止観』で説示した一念三千の観法と、一念三千の観法によって覚知し体得した究極の法を、どちらも一念三千と呼んだが、その意義を明確に立て分けられた。そして、後者を「まことの一念三千」「真の十界互具・百界千如・一念三千」(同ジペー)と位置づけ、それは『法華経』本門に示されているとされたのである。

「観心本尊抄」には、「像法の中・末に、観音・薬王、南岳・天台等と示現し出現して、迹門をもって面となし本門をもって裏となして、百界千如・一念三千その義を尽くせり。ただ理具のみを論じて、事行の南無妙法蓮華経の五字ならびに本門の本尊、いまだ広くこれを行わず」(御書一四五ジペー)と述べ、『法華経』迹門を中心に一念三千を構築した天台大師は、真理の枠組みを理論的に論じるにとどまったとして、御本尊に「南無妙法蓮華経」を唱えることが一念三千を具現化する実践であることを明かされている。さらに、同抄の結びには、「一念三千を識らざる者には、仏、大慈悲を起こし、五字の内にこの珠を裹《つつ》み、末代幼稚の頸に懸けしめたもう」(御書一四六ジペー)と述べ、五字(妙法蓮華経)には一念三千が包含されていて、一念三千を理解しなくとも、妙法蓮華経によって成仏が可能になるとされている。

また、「治病大小権実違目」には、「一念三千の観法に二つあり。一には理、二には事なり。天台・伝教等の御時には理なり。今は事なり。観念すでに勝る故に、大難また色まさる。彼は迹門の一念三千、これは本門の一念三千なり。天地はるかに殊なりことなりと、御臨終の御時は御心えあるべく候」(御書一三三二ジペー)と述べ、天台・伝教らが示したのは「迹門の一念三千」であるが、大聖人が説いたのは「本門の一念三千」であり、それは前者よりもはるかに優れていると強調されている。

このように、大聖人は、一念心に三千世間が具わることを認識するための実践法を一念三千の観法として示した天台大師の立場を踏まえつつも、それを超えて、末法の一切衆生の救済のために、一念三千を成仏の方途として展開し、御本尊に向かって「南無妙法蓮華経」を唱えるという万人成仏の実践法を確立されたのである。

第二節　一生成仏と即身成仏

日蓮大聖人の仏法は、成仏を目指す教えである。成仏とは、仏の覚りを得ること、仏界を開き現すことである。成仏は、死後や来世ではなく、現世において達成できるものであり、そのことを「一生成仏」という。また、現世で受けている身のままで成仏するので、「即身成仏」とも呼ばれる。

仏教の経典の中では、仏は三十二相八十種好（超人的な身体的特徴）を具えているとされるが、これは神話的な描写であり、歴史的な釈尊も普通の人間の姿をして仏の境涯を獲得した存在であった。大聖人の仏法における「成仏（仏に成る）」も、特殊な能力を持った超人的な存在になることではなく、釈尊が到達したような、苦悩からの解放や揺るぎない智慧と慈悲の獲得を意味している。後述するように、創価学会では、信仰によって仏界を開き現し、自身が生きている意味を明確に洞察し、生きていること自体に歓喜を覚える状態を指して、「成仏」と呼んでいる。

（一）『法華経』の成仏観

『法華経』は、提婆達多品第十二において竜女の成仏を説いている。伝教大師や日蓮大聖人は『法華経』の深い趣旨を洞察して、竜女は『法華経』を信じたことにより、その身のままで即身成仏したと解釈された。竜女は女性であり、畜身であり、子どもであるという三点において、諸経典では、成仏から遠い存在であると考えられた。それに対し、伝教大師は、竜女の成仏について、遠い未来の時を待たずに、現身に成仏した即身成仏の事例とした。[117] 大聖人は、この伝教大師の説を踏まえて、[118]「即身成仏の手本は竜女これなり」（「木絵二像開眼之事」、御書六六五ページ）と意義づけられた。竜女の即身成仏を示したことによって、『法華経』は一切衆生の即身成仏を明かしたと捉えられたのである。

大聖人は、『法華経』とそれ以外の諸経典に説かれる成仏観の違いについて、「上野尼御前御返事（烏竜遺竜の事）」に、「一切経の功徳は、先に善根を作《な》して後に仏とは成ると説く。かかる故に不定なり。法華経と申すは、手に取ればその手やがて仏に成り、口に唱うればその口即ち仏なり。譬えば、天月の東の山の端に出ずれば、その時即ち水に影の浮かぶがごとく、音とひびきとの同時なるがごとし。故に、経に云わく『もし法を聞くことあらば、一りとして成仏せざることなけん』云々。文の心は、この経を持つ人は、百人は百人ながら、千人は千人ながら、一人もかけず仏に成ると申す文なり」（御書一九一三ページ）と記されている。ここでは、成仏が不確定である諸経典に対して、『法華経』は、万人が等しく、その身のままで、ただちに成仏できる即身成仏の教えであることが強調されている。

こうした『法華経』の成仏観について、大聖人は、天台大師の一念三千の理論に基づくものであるとされ、「開目抄」に、「諸の大乗経には成仏・往生をゆるすようなれども、あるいは改転の成仏にして一念三千の成仏にあらざれば、有名無実の成仏・往生なり。『一を挙げて諸に例す』と申して、竜女が成仏は末代の女人の成仏・往生の道をふみあけたるなるべし」（御書一〇一ページ）と述べ、竜女の即身成仏を「一念三千の成仏」と位置づけられている。誰人であれ、いかなる境遇であれ、九界の凡夫の身のままで成仏できることが「一念三千の成仏」である。

このように、大聖人が説く「即身成仏」「一生成仏」とは、死後や来世ではなく、この一生において、ただちに成仏を実現できるということである。大聖人は「乗明聖人御返事（金珠女の事）」において、「勝れたる経を供養する施主、一生に仏位に入らざらんや」（御書一三六八ページ）と述べ、最高の教えである法華経を根本とする者は必ず一生成仏できることを明言されている。

（二）成仏と絶対的幸福

誰もが、この一生のうちに、その身のままで、仏の境涯を獲得することができることを明かした「一生成仏」「即身成仏」は、言い換えれば、凡夫がその身のままで仏になるという思想である。

「観心本尊抄」では、人界に仏界が具わる証明として、「悉達太子は人界より仏身を成ず」（御書二二九ページ）と述べ、悉達太子すなわち釈尊の成道を、人間がその身のままで仏に成ることとして示されている。仏教の伝統の中では、釈尊は後世、次第に超人的な存在にされていったが、本来、歴史上の釈尊は、他の人々と変わらぬ一人の人間であり、異なるのは、修行の結果として得た真理への洞察と慈悲が卓越していたことにあったといえる。「即身成仏」の思想は、ある意味では、釈尊という仏法の原点への回帰ともいえよう。

戸田先生は、この成仏の思想を現代的に説明し、成仏とは、悩み多き人間がその身のままで絶対的幸福を獲得することであると強調した。絶対的幸福の対《つい》となるのは相対的幸福であるが、それは、金銭や物の豊かさ、社会的地位の高さなど、物質的に充足したり欲望が満たされたりすることで得られる幸福感である。これは、一時的なもので永続性はない。それに対して、絶対的幸福とは、悩みや苦難があったとしても勇敢に挑み、そこにも意味や喜びを見いだし、生きていること自体を楽しんでいける境涯であり、それが私たちが求めるべき幸福であると、戸田先生は訴えたのである。

大聖人は、佐渡流罪という命に及ぶ苛烈な状況の中で、「日蓮が流罪は今生の小苦なればなげかしからず。後生には大楽をうくべければ大いに悦ばし」（「開目抄」、御書二三七ページ）と述べ、自身の不動の御境涯を示されている。これこそ、絶対的幸福境涯といえよう。

第三節　一生成仏の実践

(一) 唱題行

日蓮大聖人は、「一生成仏」「即身成仏」を目標として示しただけでなく、それを実現するための修行方法を明らかにされた。それがすでに説明した三大秘法であり、御本尊に向かって「南無妙法蓮華経」を唱えることである。

「法華取要抄」には、末法の衆生が成仏するための実践について、「ただ妙法蓮華経の五字に限るのみ」（御書一五六ページ）と強調されている。そして、「広・略・要」[119]という捉え方の上から、「日蓮は広・略を捨てて肝要を好む。いわゆる、上行菩薩所伝の妙法蓮華経の五字なり」（同ページ）と述べ、唱題行を根本の要行とされた。また、「四信五品抄」には、「問うて云わく、末代初心の行者に、何物をか制止するや。答えて曰わく、檀・戒等の五度を制止して一向に南無妙法蓮華経と称えしむるを、一念信解・初随喜の気分となすなり。これ則ちこの経の本意なり」（御書二六七ページ）と述べ、末法においては、題目のみを唱えることが、

『法華経』の本意であるとされている。

「南無妙法蓮華経」は『法華経』の肝心であり、仏に成るための種である。御本尊に向かい「南無妙法蓮華経」を唱えることによって、誰もが仏に成ることができるのである。

（二）宿命転換

日蓮大聖人の仏法における成仏観は、さまざまな苦悩をもたらす自身の宿業（現世に影響を及ぼす過去世の行為）を、ただちに転換して、生命を根源的に変革し、現在と未来にわたる幸福境涯を確立することができるとするものである。創価学会では、このことを現代的に「宿命転換」と表現している。(120)

大聖人は、竜の口の法難直後に著された「転重軽受法門」で、「涅槃経に転重軽受と申す法門あり。先業の重き今生につきずして、未来に地獄の苦を受くべきが、今生にかかる重苦に値い候えば、地獄の苦しみぱっときえて死に候えば、人天・三乗・一乗の益をうること候」（御書一三五六ジペー）と述べ、『法華経』の実践を貫けば、宿業によって来世に受けるはずの苦しみを転換して、現世で軽く受けることができると強調されている。ここに示されているように、転重軽受（重きを転じて軽く受く）とは、正法を護持する功徳によって、宿業を転じて、その報いを軽く受け、消滅させるという教えである。この「転重軽受法門」を書かれた四カ月後、流罪地の佐渡の過酷な環境で著された「開目抄」でも、「今、日蓮、強盛に国土の謗法を責むればこの大難の来るは、過去の重罪の今生の護法に招き出だせるなるべし」（御書一一一五ジペー）と、正法を護持して苦難に直面すること自体が、宿命転換への直道であると強調されている。

「妙一尼御前御消息（冬は必ず春となるの事）」には、「法華経を信ずる人は冬のごとし。冬は必ず春となる」（御書一六九六ジペー）と述べられている。ここには、厳しい試練や苦難を乗り越えて妙法の信仰に生きる中で、冬を春にする宿命転換が可能となることが示されている。

また、大聖人は、父親から妙法の信仰を禁じられ、種々の圧力を加えられるという苦難に遭った門下の池上兄弟に対して、「各々随分に法華経を信ぜられつるゆえに、過去の重罪をせめいだし給いて候。たとえば、鉄《くろがね》をよくよくきたえばきずのあらわるるがごとし」（「兄弟抄」、御書一四七四ジペー）と励まされ、信仰が深まるにつれて、潜在している過去世の業が現世に発現してくるとされている。信仰の持続・深化によって困難を乗り越え、宿命転換の実践を重ねていくことが、揺るぎない一生成仏の歩みとなるのであり、妙法を受持し抜くことが、自身の宿命を根本から転換できる確かな道なのである。

また、第一章・第三節「（四）上行菩薩の自覚」で述べたように、大聖人は、「開目抄」において、現世の自身の境遇は、単に過去世の業の報いによるものではなく、人々を救うために自ら願って担ったものであると捉える願兼於業の思想を強調された。この思想に立てば、宿業は人間を苦悩に縛るものではなくなり、いかなる宿命も、それに打ち勝つことによって自他の成仏を可能とする契機となる。創価学会員は、この願兼於業の思想を現代的に「宿命を使命に変える」と表現し、自身の生き方として深めている。

（三）自他共の成仏

大乗仏教では、菩薩は自らの成仏を目指すだけではなく、一切衆生を教化し、成仏へと導くことが強調される。ただし、一般の大乗仏教では、このような利他の実践は、修行の進んだ菩薩のみが行うことであり、また、成仏に至るまでには莫大な年月がかかるとされる。それに対して、日蓮大聖人の仏法においては、「南無妙法蓮華経」を唱えることによって誰もが成仏できるので、自他共の成仏を目指す実践は、特定の修行者に限られたものではなく、すべての信仰者が取り組むべき現実的な課題となる。

「衣食御書」には、「人のために火をともせば、人のあかるきのみならず、我が身もあかし。されば、人のいろをませば我がいろまし、人の力をませば我がちからまさり、人のいのちをのぶれば我がいのちののぶなり」（御書二一五〇ページ）と述べ、他者の幸福を願う慈悲と献身の行動は、その相手を支えるのみならず、そのまま自分自身を強め高めていくことになることを教え、利他と自利の両方を実現する菩薩道を示されている。他者を成仏へと導くことによって、自身も成仏するのである。

また、「一生成仏」「即身成仏」は、他の世界などではなく、「今」「ここで」成し遂げられ、現実の生活の中で実現できるものである。「守護国家論」では、「法華経修行の者、いずれの浄土を期すべきや」（御書四三一ジベー）との問いを設けて、「法華経修行の者の住するところの処を浄土と思うべし。何ぞ煩わしく他処を求めんや」（御書四三一〜四三二ジベー）、「法華・涅槃を信ずる行者は、余処を求むべきにあらず。この経を信ずる人の住するところの処は、即ち浄土なり」（御書四三二ジベー）と答えられている。このように、大聖人の仏法は、理想的な浄土を現実から遠く離れた所に思い描くのではなく、信仰者にとって自分がいる場所が浄土にほかならない。一人の「一生成仏」「即身成仏」の実践は、他者のみならず環境にも影響を及ぼしていくのである。

なお、創価学会では、「一生成仏」「即身成仏」の実践を現代的に「人間革命」(121)と表現している。創価学会員は、信仰を貫くことで、境涯を高め、あらゆる苦難を乗り越え、自他共の幸福を実現すべく、賢く、正しく、強く生き抜いていくことを目指しているのである。

第四節　広宣流布と立正安国

（一）広宣流布は仏の願い

『法華経』薬王菩薩本事品第二十三には、「我滅度して後、後の五百歳の中、閻浮提に広宣流布して、断絶して悪魔・魔民・諸天・竜・夜叉・鳩槃荼等に其の便を得しむること無かれ」（法華経六〇一ジ）という釈尊の遺命が記されている。ここには、釈尊滅後の悪世において、『法華経』を全世界に弘めていくことが、釈尊の願いであることが示されている。

日蓮大聖人は、さまざまな御書の中で、この経文を引かれ、広宣流布を強調し、展望されている。「法華取要抄」には、「正像二千年の間、いまだ広宣流布せざる法華経を当世に当たって流布せしめずんば、釈尊は大妄語の仏、多宝仏の証明は泡沫に同じく、十方分身の仏の助舌も芭蕉のごとくならん（＝裂けやすい芭蕉の葉のように破れさってしまう）」（御書一五五ジ）と述べ、『法華経』の広宣流布はいまだ実現しておらず、このままでは『法華経』が妄語になってしまうとされている。そして、同抄の結びには、「かくのごとく国土乱れて後に上行等の聖人出現し、本門の三つの法門これを建立し、一四天四海一同に妙法蓮華経の広宣流布疑いなきものか」（御書一五九㌻）と、自身が上行菩薩の働きをなし、三大秘法の「南無妙法蓮華経」を広宣流布することを宣言されている。

すでに述べたように、大聖人は、『法華経』如来神力品第二十一の結要付嘱《けっちょう》に基づき、末法に「南無妙法蓮華経」を広宣流布する存在が上行菩薩等の地涌の菩薩であり、法華経の行者であるとされた。この上行菩薩の働きを果たした法華経の行者は、事実として大聖人にほかならない。そして、大聖人は、単に釈尊から託された「南無妙法蓮華経」を弘める菩薩にとどまらず、末法の人々を救う教えを説いた教主である。末法の御本仏・日蓮大聖人は、「撰時抄」で、「法華経の大白法の日本国ならびに一閻浮提に広宣流布せんことも疑うべからざるか」（御書一七三㌻）と、世界広宣流布を展望された。創価学会は、この大聖人の御遺命のままに、大聖人に直結する地涌の菩薩の集いとして、現代に広宣流布を成し遂げていくことを使命としている。

牧口先生は、戦時下の一九四二年五月、公式の場で、創価学会（当時は創価教育学会）が広宣流布を目指す団体であることを宣言した。[122] 思想統制が強まり、創価学会に弾圧が迫っていた状況の中で、広宣流布を訴えたのである。

広宣流布とは、万人の成仏を可能とする大聖人の仏法を弘めることである。それは、すべての人が仏に成る可能性を持ち、それゆえにすべての人が尊厳を有しているという思想を広げ、社会をより良く変革していくことである。その意味で、広宣流布とは、「生命の尊厳」「万人の尊敬」という仏法の人間主義を社会に浸透させ、妙法の大地の上に、平和・文化・教育を中心とするあらゆる営みを活性化させていく、大いなる文化運動である。

(二) 立正安国

このような広宣流布の一側面を示すのが、「立正安国」の思想である。

すでに述べたように、日蓮大聖人は一二六〇年(文応元年)七月十六日、鎌倉幕府の実質的な最高権力者であった北条時頼に「立正安国論」を提出された。当時、正嘉の大地震をはじめとする自然災害や飢饉、疫病に人々は苦しんでいた。この現実に心を痛めた大聖人が、災難を鎮め、国土・社会を安穏にする原理を示されたのが「立正安国論」である。

当時の人々が受けていた苦難は、天災であるとともに、人々の安全を保障するべき為政者たちが、有効な予防策や救援策を講じずに被害を大きくしていたという人災の側面もあった。大聖人は、為政者を諫め、万人成仏の法を明かした『法華経』を信奉するよう訴え、「生命の尊厳」「万人の尊敬」という仏法の人間主義を社会の根本思想にして、誰もが平和で安穏に暮らせる社会を建設するように促された。そのことを端的に、「立正安国」――正法を根本として確立する(立正)ことによって国土・社会を安泰にする(安国)――と表現されたのである。なお、後述するように、「安国」における「国」とは、民衆が生活を営む場としての国土を意味する。

「立正」における「正法」とは、『法華経』の教え、なかんずく、その核心である「南無妙法蓮華経」である。個人における信仰の確立は、他者に影響を与え、社会全般の在り方を変える。「立正安国論」に「汝、すべからく一身の安堵を思わば、まず四表の静謐を禱るべきものか」（御書四四ジペー）と述べられているように、正法の信仰の確立は、自分自身だけの安穏ではなく、自他共の幸福こそが目指すべきものであることを気づかせる。誰もが成仏できるという理念が広まれば、すべての人が尊厳を認められるようになる。広くいえば、このように、社会全体に正法の理念を浸透させていくことが、「立正」である。

「立正」が確立されていくならば、人々は、皆が人間性を発揮して安穏に暮らしていける平和な社会を建設すべく、自他共の幸福の実現を目指していくであろう。自然災害そのものはなくならないとしても、自他共の幸福を第一義とする社会では、被害を最小限に抑え、さらには未然に防ぐ施策が取られるにちがいない。これが、「立正」から帰結する「安国」の実現である。この「国」とは、人々の住む国土であり、政治体制としての国家ではない。その意味で、特定の一国に限定されるものではなく、全世界を含んでいる。大聖人が世界広宣流布を強調されていることからも、「安国」とは全世界の安穏を意味することがわかる。

この「立正安国」の思想は日蓮大聖人の仏法の根幹をなすものであり、創価学会は、大聖人に直結して、この「立正安国」を目的に掲げ、「人間のための宗教」を実践している。

牧口先生は、「人を救い世を救うことを除いて宗教の社会的存立の意義があろうか」[123]と強調し、先述の通り、戦時下にあって広宣流布を訴え、日本の破滅を防ごうとした。

そして、戸田先生は、「地球民族主義」の理念（世界中のどの民族も皆、地球人という同じ立場に立脚することを認め合い、互いに尊重し合うべきであるという理念）を表明し[124]、核兵器のいかなる使用にも反対する「原水爆禁止宣言」[125]を発表するなど、仏法者として社会に関わり、安穏な世界を築いていく使命に徹した。さらに、社会変革の具体的な実践として、後の公明党に発展する政治支援活動を開始した。

池田先生は、「立正安国（正を立て国を安んず）の立正とは、一人ひとりの胸中に正法という生命尊厳の法理を打ち立てることである。安国とは、その帰結として、社会の繁栄、平和が築かれることである。いわば、仏法者の宗教的使命である立正は、安国の実現という社会的使命の成就によって完結するのだ。立正なき安国は空転の迷宮に陥り、安国なき立正は、宗教のための宗教となる。われらは、立正安国の大道を力の限り突き進む」[126]と教えている。「立正安国」は、一人一人における人間革命から、社会全体の幸福・平和を実現しようとするものである。「立正安国」の理念が示す、全世界の平和と全人類の安穏・幸福こそ、創価学会の目的である。

第四章　万人に開かれた仏法

本章では、社会に根差した在家教団である創価学会が、日蓮大聖人の仏法を、本来の万人に開かれた仏法として継承し発展させてきた意義を論述する。まず、出家と在家の平等性や民衆仏法という観点に触れ、創価学会による宗教改革を説明し、さらに、創価学会の組織の重要性、創価学会における三宝、創価学会が進める弘教の在り方についても確認する。

第一節　出家と在家の平等性

創価学会では、出家者と在家者の宗教的な差異を認めず、両者は完全に平等であり、さらに現代社会では在家者こそが宗教活動の中核を担うと考える。

仏教における出家者と在家者の区別は、釈尊による教団形成から始まるが、釈尊が得た覚りは万人に開かれたものであり、釈尊は出家者にも在家者にも分け隔てなく教えを説いた。

第一章・第一節で述べたように、釈尊が亡くなられた後、部派仏教の時代になると、仏教教団の出家者は阿羅漢果を得て涅槃に入ることを目指して修行に励む一方、在家者は出家者に対して布施をすることによって善業を積み、死後、より良い境涯に生まれるという未来の果報を期待した。この点において、出家と在家には、生活形態をはじめ、修行実践の内容や到達できる境地に至るまで明らかな差異があった。このような仏教の教団原理は、仏教の伝播とともに各地に広がった。

それに対して、紀元前後に興った大乗仏教では、仏に成ることを修行の目標に掲げたため、出家も在家も共に「菩薩」であると位置づけられ、後の時代には『維摩経』や『勝鬘経』など、在家者が中心となって法を説く大乗経典も生まれている。在家者の布施は、単に未来の果報を期待するためだけのものではなく、菩薩の修行（菩薩行）としての宗教的な意義づけが与えられた。しかし、現実問題として、出家者が教団の中核であったことは変わらず、大乗経典の中にも修行の完成のために出家を勧める記述は少なくない。(127)『法華経』においても、弘教の主体は出家者であり、出家することが大きな功徳であることを前提としてさまざまな物語が構成されているが、その上で、在家と出家を区別しない記述も見られる。法師品第十には、「若し是の善男子・善女人、我滅度して後、能く竊《ひそ》かに一人の為にも、法華経の乃至一句を説かば、当に知るべし、是の人は則ち如来の使にして、如来に遣わされて、如来の事を行ず。何に況んや大衆の中に於いて、広く人の為に説かんをや。薬王よ。若し悪人有って不善の心を以て、一劫の中に於いて、現に仏前に於いて、常に仏を毀罵《きめ》せば、其の罪は尚軽し。若し人一の悪言を以て、在家・出家の法華経を読誦する者を毀呰《きし》せば、其の罪は甚だ重し」（法華経三五七～三五八㌻）と記されている。ここでは、『法華経』読誦の修行者を誹謗する罪が重いことが述べられており、修行者が在家であろうと出家であろうと同じであるとしている。また、同じく法師品に、「薬王よ。多く人有って在家・出家にて菩薩の道を行ぜんに、若し是の法華経を見・聞・読・誦・書・持・供養することを得ること能わずは、当に知るべし、是の人は未だ善く菩薩の道を行ぜず。若し是の経典を聞くことを得ること有らば、乃ち能《よ》善く菩薩の道を行ず」（同三六四㌻）とあり、在家者であろうと出家者であろうと菩薩道を行ずることができる点において等しいと説かれている。

　日蓮大聖人の仏法においては、誰もが「南無妙法蓮華経」を唱えることで成仏できるのであるから、出家者と在家者の差異は存在しえないといえる。むしろ、大聖人は、仏道修行に専念することが難しい世俗社会にあって、苦難に見舞われても純真に信仰を貫く在家者に対して、その信心を心から称賛されている。もちろん、在家者が自身で経論を学ぶことが困難であった当時においては、出家者に一定の役割はあったものの、信仰実践と目指すべき成仏について両者に本質的な差異はなかったのである。

　このような大聖人の根本理念を踏まえ、現代社会において、在家者による主体的な信仰実践を実現してきたのが創価学会である。創価学会が、在家仏教団体として世界百九十二カ国・地域に大聖人の教えを流布してきたことは、仏法の実践において在家の存在がいかに重要であるかを示しているといえよう。

第二節　民衆仏法の確立

これまで述べたように、日蓮大聖人は、『法華経』に説かれる通りの難を乗り越える中で、自身こそ法華経の行者であるとの自覚を持ち、それを生涯、貫かれた。その一方で、大聖人は、四条金吾、池上宗仲、南条時光ら、難に揺るがない強盛な信心を貫く在家の弟子たちのことも、「法華経の行者」と讃えられている。[128] また、流罪地の佐渡にまで駆けつけた日妙をはじめ、富木尼、四条金吾の母、光日尼など、純真な信仰実践を貫いた女性門下に対しても、同じく「法華経の行者」と呼ばれた。[129] 言うなれば、弟子たちを自身と同じ法華経の行者へと成長させていくこと、地涌の菩薩の使命を自覚させることが、末法万年の広宣流布を展望された大聖人の願いであったといえる。

その中で、大聖人の晩年（一二七九年〈弘安二年〉。五十八歳）、駿河国（静岡県中央部）富士方面の農民門下たちが、事実無根の訴えによって捕縛され、不当な弾圧・拷問を受けるという法難（後に「熱原の法難」と称される）に遭いながら、それに屈しなかったことは、大聖人とその教団にとって、画期をなす出来事であった。捕らわれた農民門下のうち三人が殉教し、他の十七人も追放処分を受けたが、誰一人として信仰を捨てる者はいなかった。

それまで大聖人の難に関連して弾圧された出家・在家の弟子は多くいたが、大聖人の身延入山後は、弟子たちが直接迫害に遭うという出来事が連続して起きるようになった。中でも、熱原の法難は、その最たるものであった。しかも、熱原の農民門下は、大聖人と一度も会ったことがない、入信間もない人々だった。その庶民の弟子たちが、権力による苛烈な脅迫や拷問に対して、一人も退転することなく、信仰を貫いたのである。そのことを、大聖人は、「ひとえに只事にあらず」(「聖人等御返事」、御書一九三八ジ)と述べ、彼らを「法華経の行者」(同ジ)として最大に称賛された。教団の中核の門下だけでなく、大聖人と会ったことがない庶民の弟子たちにまで、大聖人に連なる法華経の行者が誕生したことは、大聖人の仏法が、広範な民衆に深く根ざし、一人一人を尊き使命に目覚めさせる、万人に開かれた民衆仏法として確立し、未来に流布していくことを意味するものであった。

大聖人は、「南無妙法蓮華経」の流布によって一切衆生を救済することを大願とされ、そのために三大秘法を確立して、末法万年の民衆救済の道を開かれた。これこそが、大聖人にとっての「出世の本懐(この世に出現した目的)」であった。そして、この熱原の法難を機に、自らの仏法の永続性を確信し、「出世の本懐」が成就したと位置づけられたのである。(130)

第三節　創価学会による宗教改革

日蓮大聖人が確立した仏法は、直弟子である日興上人に継承された。日興上人は、他の弟子たちがあくまで天台宗の一派としての立場を取ったのに対し、大聖人を上行菩薩の働きを果たした末法の教主として位置づけ、文字曼荼羅の御本尊のみを信仰の対象とする方向性を明確にされた。

日興上人は、大聖人が亡くなられた後、ほどなく身延に定住されたが、門下であった身延の地頭などが謗法行為を繰り返し、日興上人の教化を聞き入れないようになると、やむなく身延を離れ、富士上方上野郷（静岡県富士宮市）に弘教の拠点を移された。後に、この場所は大石寺と称されるようになる。日興上人の流れを汲み、この大石寺を本山とする門流は、明治時代になって「日蓮正宗」を公称した。

歴史的には、日蓮正宗を含め、日蓮大聖人の仏法を源流とする諸宗派は、出家者を中心とする教団によって継承されてきた。その過程で、大聖人の本来の思想から逸脱した要素が混入し、出家者の権威が強調されるとともに、不当な権力に対峙し続けた大聖人の姿勢も見失われるに至った。

創価学会は、このような状況の中で、在家の教団として、日蓮大聖人の仏法を万人に開かれた仏法として現代に蘇らせる運動を開始した。その中で、日蓮正宗に対しては、広宣流布のため、同じ大聖人の仏法を信仰する者として最大に支援しつつ、その姿勢に誤りがあれば指摘もしてきた。

以下、その歴史を、三代の会長ごとに概説する。

(一) 牧口先生の時代

教育者であった初代会長・牧口常三郎先生は、日蓮大聖人の仏法と出合い、一九二八年に日蓮正宗に入信したが、広宣流布の精神を失っていた日蓮正宗の実態に対しては、厳しい評価を下していた。「立派な生活をしてその証拠をあげるのが我々のつとめである。失礼ながら僧侶方の大概は御妙判と称して御書やお経文によって説明はしてくださるが、現証によって証明してくださらないのを遺憾とする」(131)と述べている。

牧口先生は、日蓮正宗の復興のために尽力したが、創価教育学会の運営や会員の信心指導については、僧侶に依存することなく、学会独自で行うようにした。在家信者は寺院に所属して僧侶の指導に従うという従来の講組織の形をとらず、独自の責任に基づいて広宣流布の活動をする組織を構築したのである。

　牧口先生は、日蓮正宗の実態を批判して、「日蓮大聖人御在世当時の天台宗は、現今の日蓮宗の中でも『日蓮正宗』に相当すると思われる。さらば従来の日蓮正宗の信者の中に『誰か三障四魔競える人あるや』と問わねばなるまい。そして魔が起こらないで、人を指導しているのは『悪道に人をつかわす獄卒』でないか。しからば魔が起こるか起こらないかで信者と行者の区別がわかるではないか。自分の一個のために信仰している小善生活の人には決して魔は起こらない。これに反して菩薩行という大善生活をやれば必ず魔が起こる。起こることをもって行者と知るべきである」[132]と述べている。法難を恐れ、保身に汲々として自身の安泰や権威のみを求める日蓮正宗は、伝教大師の精神を受け継ぐことなく腐敗・堕落していった、大聖人の時代の天台宗と同じ道を辿っていると批判したのである。

　当時、第二次世界大戦の影響が日本にも及び、日中戦争も激化しつつある中、日本の軍部政府は、挙国体制を築くために、国家神道による思想統制を強力に推進していた。そして、仏教教団の整理統合を図り、日蓮宗各派の合同を進めようとした。それに従おうとする者が日蓮正宗の内部にもいたが、牧口先生は断固反対し、日蓮正宗は大聖人の正法正義を守り抜くために単独で認可を取るべきであると訴えた。

　一九四一年三月、日蓮正宗は宗制単独認可にこぎつけたが、同年九月、軍部政府の弾圧を恐れ、「日蓮は一閻浮提第一の聖人なり」（「聖人知三世事」、御書一三一五㌻）など、御書の重要な十四カ所の御文を削除するよう通達を出した。さらには、政府が国家神道の徹底化を図り、国民に神社参拝や神札（神宮大麻）を祭ることを強要するようになると、大石寺内に神札を祭るようになった。そして、一九四三年六月二十七日、牧口先生、戸田先生を大石寺に呼び出し、当時の管長の立ち会いのもと、創価学会も神札を受けるよう指示するに至った。しかし、牧口先生は、それを毅然として拒否したのである。

戸田先生は、そのことを、論文「創価学会の歴史と確信」の中で、「御開山上人（＝日興上人）の御遺文にいわく、『時の貫首為りと雖も仏法に相違して己義を構えば之を用う可からざる事』(133)。この精神においてか、牧口会長は、神札は絶対に受けませんと申しあげて、下山したのであった。しこうして、その途中、私に述懐して言わるるには、『一宗が滅びることではない、一国が滅びることを、嘆くのである。宗祖聖人のお悲しみを、恐れるのである。いまこそ、国家諫暁の時ではないか。なにを恐れているのか知らん』と(134)」と述べている。

その直後の同年七月六日、牧口先生と戸田先生は、治安維持法違反と不敬罪の容疑で連行され、逮捕・投獄された。すると、宗門（日蓮正宗宗門のこと。以下同じ）は関わりを恐れて、両先生らを「登山（大石寺参詣）止め」「末寺参詣禁止」の処分とし、さらに牧口先生を「信徒除名」にした。牧口先生の留守宅に宗門の僧が訪ねてきて、牧口先生に退転を勧めるよう家族に依頼するほどであった。

牧口先生は、獄中から家族に送った最後となる葉書（一九四四年十月十三日付）に、「カントの哲学を精読している。百年前、及びその後の学者共が、望んで、手を着けない『価値論』を私が著し、しかも上は法華経の信仰に結びつけ、下、数千人に実証したのを見て、自分ながら驚いている。これ故、三障四魔が紛起するのは当然で、経文通りです(135)」と記している。それから一カ月後、牧口先生は正法正義を貫いた末に、獄中で殉教した。

日蓮正宗の保身的な姿勢を批判し、日蓮大聖人の仏法を本来の「人間のための宗教」へと蘇らせたのが牧口先生であった。大聖人の御精神は牧口先生の死身弘法によって守られたのである。

（二）戸田先生の時代

牧口先生の遺志を継いだ戸田城聖先生は、出獄（一九四五年七月三日）後、創価学会の再建に取り組むとともに、民衆のための宗教改革を訴え続けた。一九四九年七月、機関誌「大白蓮華」の創刊号に寄せた巻頭言では、「宗教革命」と題して、釈尊の精神から逸脱し葬式仏教と化した僧侶の堕落を、「仏教界においても、僧侶は、ただ食うための坊主商売であり、葬式と墓場の管理人にすぎない。その教義や説法も、大衆の日常生活とは何の関係もなく、これこそ大衆から遊離した無用の長物といわざるをえない。（中略）すべてが釈尊の意図と相反した原因は、まず従来の僧侶が形式に流れて実質をうしない、大衆の生活を考えずして、自己の保身にこれ努めた結果にほかならない」[136]と批判した。なかんずく戸田先生は、牧口先生を獄死に追いやった宗門の悪を決して許さなかった。宗門が二度と道を踏み外さないよう、直言も辞さなかった[137]。

一方、戸田先生は、日蓮大聖人の仏法を興隆するという広い観点から、衰微した宗門を復興するための援助も惜しまなかった。戦後の農地改革によって多くの土地を失った宗門の経済的基盤の確立に尽力し、五重塔の修復をはじめ、奉安殿や大講堂など多くの伽藍を建立・寄進し、各地の寺院の建立も進めていった。また、戸田先生は、一九五二年十月、大石寺の観光地化の動きから宗門を護り、月例の登山会（大石寺参詣）を開始した[138]。

戸田先生にとって宗門復興の最大の眼目は、ひとえに信心の復興にあった。戸田先生が宗門の援助に努めたのは、宗門が、その使命に目覚め、創価学会とともに、広宣流布に尽力することを願ってのことであった。堀日亨（第五十九代管長）や水谷日昇（第六十四代管長）、堀米日淳（第六十五代管長）のように、創価学会に理解と敬意を示す僧侶も一部にはいたが、宗門の権威的な体質は根本的には改まることがなかった。一部の僧侶が宗教的権威を笠に着て、創価学会員となる者への御本尊下付を拒絶する事態も起こった。その際、戸田先生は、「寺を建てたが、本尊を下げわたさないというならば、寺は建ったが、なんのはたらきもしない。ただ坊主の寝床をつくったにすぎないことになる」[139]と、信徒を見下して本来の役割を果たさない僧侶を批判している。

また、日蓮正宗に完全な御書全集がなかった状況を憂い、戸田先生が御書の発刊を提案した際も、宗門は創価学会に協力しなかった。そのときの心境を、戸田先生は「いろんな難関は覚悟のまえだが、宗門の援助がえられぬと決定したときは、胸にわき上がるものがあった」(140)と述べている。御書の発刊は、学匠である堀日亨から編纂の協力を得たほかは、校正作業や資金の調達などもすべて創価学会が独力で行い、一九五二年四月に発刊した。御書発刊を通じて、創価学会は、あくまで信仰においては御書を根本とすることを示したのである。

そして、同年九月、戸田先生は、創価学会を一つの独立した宗教法人として発足させた。そこには、在家教団の創価学会が、宗門を外護しつつ、時代と社会に即して広宣流布を推進できるように、との戸田先生の英断があったのである。

(三) 池田先生の時代

一、第一次宗門事件

創価学会の第三代会長に就任した池田大作先生は、戸田先生の後を継いで、宗門の外護に尽力した。創価学会の会館建設を後回しにして、寺院の建立・寄進に力を注ぎ、三百二十の寺院を宗門に寄進した。戸田先生の時代を含めると、創価学会による寺院の建立・寄進は、海外四カ寺を含め、三百五十六カ寺に上る。

大石寺の整備も進め、戦後の農地改革のため約五万坪に過ぎなかった敷地は、戸田先生の時代に約十七万坪となり、池田先生が会長になってからは約百十七万坪にまで広がった。創価学会によって二十三倍に拡大したのである。

さらに、大石寺内の建物・施設の建設・整備にも力を注いだ。なかんずく、一九七二年十月、池田先生が発願主となって建立・寄進した正本堂は、広宣流布の象徴として画期的な意義を持つものであった。池田先生は、正本堂の完成をもって広宣流布の第二章が到来したことを宣言し、広宣流布は流れそれ自体であるという新たな広宣流布観のもと、平和・文化・教育の運動を本格的に推進していった。

一方、一九六九年前後に、いわゆる「言論・出版問題」(141)が起きたが、池田先生はその問題を契機に生じた創価学会への社会的批判に応答する形で、国立戒壇論を社会に対して改めて否定した。国立戒壇論とは、日蓮大聖人が三大秘法の一つとされた「本門の戒壇」は国家によって建立される戒壇のことであると解する説であるが、堀日亨が著した『日蓮正宗綱要』でも述べられており、(142)日蓮正宗の教義とされていた。

一九七七年一月十五日、池田先生は、第九回教学部大会で、「仏教史観を語る」と題する講演を行った。その中で池田先生は、「宗教のための人間」から「人間のための宗教」への転換こそ仏教の本義であることを指摘し、本来の仏法は、在家・出家の別なく、世間の地位や身分も関係なく、万人が仏になる道を説いたものであることを論じた。そして、在家と出家の本義に言及し、「現代において創価学会は在家、出家の両方に通ずる役割を果たしているといえましょう。これほど、偉大なる仏意にかなった和合僧は世界にないのでありますす」[143]と述べた。さらに、寺院の歴史についても論を展開し、寺院は、人々が集って成道を目指し、仏道修行に励み、布教へと向かう拠点であり、その本義の上から、創価学会の会館や研修所は「現代における寺院」ともいうべき役割を果たしていると語った。

講演はあくまでも大聖人の仏法の本義の上から論じた内容であったが、創価学会の発展を快く思わない日蓮正宗の僧たちはこれを宗門批判であると捉え、創価学会を攻撃するようになった。それは、故人を悼む厳かな葬儀の場にも及び、僧が遺族の前で「創価学会の信心では成仏できない」と語るなど、非常識な振る舞いが横行した。こうして、大聖人の御遺命のままに広宣流布を進める池田先生および創価学会に対して、本来は信徒を守り教導するはずの日蓮正宗の僧が執拗に批判し、攻撃するという顛倒した事態が、各地で常態化していった。また、残念ながら、創価学会内でも、私利私欲から、こうした僧侶たちの動きを煽動し、創価学会を攪乱しようとする者たちがいたため、事態はさらに悪化していったのである。

池田先生はじめ創価学会は、広宣流布のために事態の収拾に努め、宗門と幾度も対話を試みた。しかし、学会幹部の失言事件などがあり、宗門内はさらに強硬な姿勢になっていった。その中で、池田先生は一九七九年四月二十四日、広宣流布の未来と創価学会員を守り抜くために、会長を辞任した。自ら辞任することによって解決を図り、混乱を収拾することを優先したのである。

二、第二次宗門事件

池田先生が会長を辞任した三カ月後、前任の細井日達（第六十六代管長）が急逝し、阿部日顕が管長となるが、宗内は内部抗争で混乱していく。阿部は、創価学会批判の急先鋒であった僧侶たちを宗門から排除するなど、表面的には創価学会に対して理解を示したが、それは宗内での自身の体制を固めるためでもあった。そうした中でも創価学会は、広宣流布のため、宗門援助の努力を貫いた。

一九九〇年になると、宗門は、創価学会員が支払う御開扉料（参拝料）や食事代などの登山費をはじめ、御本尊下付や塔婆・永代供養等の冥加料（布施）を一方的に大幅に値上げするなど、さらに供養集めを図るとともに、創価学会の破壊工作まで画策するようになった。そして、創価学会が会合でベートーベン作曲・交響曲第九番の「歓喜の歌」を用いたことに対して、「外道礼讃」であり「謗法」であると攻撃してきた。揚げ句に、同年十二月二十七日に日蓮正宗宗規を改定し、[144] 池田先生の法華講総講頭を罷免したのである。[145] その間、創価学会は折あるごとに、僧俗差別や腐敗堕落した体質を改めるように要望し対話を求めたが、宗門が対話に応じることはなかった。

さらに、翌一九九一年十一月二十八日、宗門は創価学会に「破門通告書」なる文書を送付し、創価学会と日蓮正宗が無関係であることを一方的に宣言した。そこには日蓮大聖人の御書が全く引かれていないほか、多くの事実誤認が含まれており、教義とは無関係な言いがかりにすぎなかった。むしろ、「破門通告書」は、広宣流布を実質的に進める創価学会から、宗門が自ら離反し、大聖人の仏法の根本精神から逸脱したことを示すものであった。また、制度的な面では、創価学会は日蓮正宗とは別法人であり、「破門通告書」は、何ら創価学会の運営に影響を与えるものではなかった。出家者の権威で創価学会を縛りつけ広宣流布の障害となっていた宗門から、名実ともに創価学会が独立する契機となったという意味で、創価学会では、十一月二十八日を「魂の独立記念日」と意義づけている。

三、「御書根本」「日蓮大聖人直結」

宗門と決別した創価学会は、池田先生の指揮のもと、いよいよ世界広宣流布の基盤を確立していった。その意義を込めて、池田先生は一九九一年十二月十五日、「日蓮世界宗創価学会」と揮毫し、創価学会こそが日蓮大聖人の仏法を世界に広宣流布していく教団であることを示した。

とくに池田先生が強調したのが、「御書根本」「日蓮大聖人直結」であった。それは、創価学会が成し遂げた宗教革命が、大聖人の教えの原点に立ち返り、その本質的な意義を現代に生き生きと展開するものであることを意味している。

この「御書根本」「大聖人直結」の理念のもと、大聖人の仏法の本義に基づいて、本尊観など、創価学会の基本的立場がより明確になっていった。そもそも創価学会は牧口先生以来、在家の教団として独自に運営されており、その基本的立場は一貫しているが、宗門事件は、それを名実ともに明らかにする契機となった。

第二次宗門事件の際、宗門は創価学会員への御本尊下付を停止したが、一九九三年九月、日蓮正宗と決別した栃木・淨圓寺の住職から、同寺所蔵の日寛書写の御本尊を御形木御本尊（版木などにより印刷された御本尊）として創価学会員に授与してほしいとの申し出があった。[146] それを受けて、創価学会は、大聖人の御遺命である広宣流布を進める使命と責任のもと、日寛書写の御本尊を会員に授与することを決定した。

また、二〇一三年十一月、戸田先生・池田先生が広宣流布の指揮をとってきた東京・信濃町に、創価学会の信仰の中心道場である広宣流布大誓堂が落成した。ここでは、「広宣流布誓願勤行会」が行われ、世界中の会員が集い、永遠の師匠である「三代会長」と心を合わせ、民衆の幸福と繁栄、世界平和、自身の人間革命を祈り、ともどもに世界広宣流布の誓願を新たにしている。

さらに、翌二〇一四年十一月には、大聖人の仏法の本義に基づき、創価学会の信仰の実践や実態に即して、創価学会会則の教義条項が改正され、「この会は、日蓮大聖人を末法の御本仏と仰ぎ、根本の法である南無妙法蓮華経を具現された三大秘法を信じ、御本尊に自行化他にわたる題目を唱え、御書根本に、各人が人間革命を成就し、日蓮大聖人の御遺命である世界広宣流布を実現することを大願とする」と明記された。それまでの「一閻浮提総与・三大秘法の大御本尊を信受し」という文言が、「根本の法である南無妙法蓮華経を具現された三大秘法を信じ」に改められたのである。以前の教義条項は二〇〇二年に規定されたが、宗門との僧俗和合時代に信仰実践に励んできた会員の感情や歴史的な経過を踏まえ、この「一閻浮提総与・三大秘法の大御本尊」とは「弘安二年の御本尊」を指すという説明は変更しなかった。しかし、宗門と決別して二十年以上が経ち、創価学会員の信仰観がさらに深まっていく中で、大聖人の仏法の本義の上から「本門の本尊」の定義を明確にし（第二章・第三節「（二）本門の本尊」を参照）、その上で広宣流布を阻む日蓮正宗の総本山にある「弘安二年の御本尊」は受持の対象としないことを明らかにしたのである。

創価学会は、戸田先生の時代（一九五二年九月）に独自の宗教法人となったが、大聖人の仏法を興隆するため、日蓮正宗を支えるとともに、その教義解釈を尊重してきた。日蓮正宗の教義解釈は、相伝（口伝）を重んじ、とくに江戸時代に日寛が形成した教学に依拠している。その日寛教学には、御書に基づいて大聖人の仏法の本義を明らかにした日興門流の普遍的な部分と、大石寺が日蓮門下の正統であることを主張した時代的な制約のある部分が混在する。大石寺に伝わる「戒壇の本尊（弘安二年の御本尊）」を他の御本尊よりも優れた究極の御本尊と位置づけて、それを強調したことは、後者に該当するものである。

日寛は、「戒壇の本尊」を特別視して、三大秘法を合した「一大秘法」は本門の本尊であり、それゆえに「戒壇の本尊」を「三大秘法惣在の本尊」と名づけると主張した。(147)(148) また、大石寺が授与する文字曼荼羅は「戒壇の本尊」の書写であるとした。(149) しかし、「戒壇の本尊」を特別な御本尊であるとする解釈は、大聖人の御書にも日興上人の著作類にも見られない説である。大聖人は多くの御本尊を顕されたが、それらの御本尊に優劣を定めるような教示は御書に存在しない。教理的には本来、本門の本尊は「弘安二年の御本尊」に限定されるものではなく、末法の衆生のために大聖人御自身が顕された御本尊と、それを書写した御本尊は、すべて根本の法である「南無妙法蓮華経」を具現されたものであり、等しく「本門の本尊」である。それを踏まえて教義条項が改正されたが、それは、「御書根本」「大聖人直結」の指針のもと、あくまで御書に基づいて大聖人の御真意にかなった解釈を明らかにしたものである。

一九九三年以来、創価学会は日寛書写の御本尊を会員に授与しているが、それは、日蓮大聖人と日興上人の真意に則った「本門の本尊」であるからである。

なお、日寛教学の中で、「御書根本」「大聖人直結」にかなった教義解釈や、世界広宣流布を推進していく創価学会員の信行に資する内容については、引き続き重んじていくことは言うまでもない。創価学会は、どこまでも「御書根本」「大聖人直結」を貫きながら、時代や社会に即して「生きた宗教」として大聖人の仏法を展開するのである。

その創価学会の根本精神を示す、全世界の創価学会の団体と会員の根本規範である「創価学会会憲」が、二〇一七年十一月に施行された（巻末に抜粋を収録）。会憲の前文には、創価学会が釈尊から『法華経』を経て日蓮大聖人に結実した仏法の人間主義の系譜に連なることが示され、大聖人の仏法を現代に蘇生させた三代会長の事績に触れ、「創価学会は、『三代会長』を広宣流布の永遠の師匠と仰ぎ、異体同心の信心をもって、池田先生が示された未来と世界にわたる大構想に基づき、世界広宣流布の大願を成就しゆくものである」と明記されている。

また、二〇二一年十一月には、「生命の尊厳」「万人の尊敬」という仏法の人間主義を基調に平和・文化・教育に貢献する、創価学会の社会的使命を明文化した「創価学会社会憲章」が施行された（巻末に収録）。この社会憲章では、「世界市民の理念」「積極的寛容の精神」「人間の尊厳の尊重」を高く掲げ、非暴力と平和の文化に立脚し、人類が直面する脅威に挑むことがうたわれ、「創価学会は、仏法の寛容の精神に基づき、他の宗教的伝統や哲学を尊重して、人類が直面する根本的な課題の解決について対話し、協力していく」、「創価学会は、平和を求め、核兵器なき世界の実現に尽力する。また、公正で持続可能な開発に貢献する」、「創価学会は、人権を擁護し促進する。誰一人差別せず、あらゆる形態の差別に対し反対する。また、ジェンダー平等の実現と女性のエンパワーメントの推進に貢献する」、「創価学会は、持続可能な世界を未来世代に残すために、気候危機に対処するとともに、地球上の生態系の保護に努める」といった十項目の「目的及び行動規範」が明示されている。立正安国の理念に立つ創価学会は、公共性を最大に重んじ、万人の幸福の実現と世界の平和・安定に資することを第一義とするのである。

さらに、社会憲章が施行された同月、創価学会の聖典である御書全集の新版として、『日蓮大聖人御書全集　新版』が発刊された。池田先生は、御書新版に「序」を寄せ、「我ら創価学会は、永遠に『御書根本』の大道を歩む。末法の御本仏・日蓮大聖人が一切衆生のために留め置いてくださった、この不滅の宝典を拝し、『慈折広宣流布』の大願を貫き果たしていくのである。御書根本なるゆえに、いかなる三障四魔、三類の強敵にも屈せず、『賢者はよろこび』と、前進を止めない。御書根本なるゆえに、『桜梅桃李』の多様性を尊重し、互いに仏の如く敬いながら、『異体同心』の団結で万事を成ずる。御書根本なるゆえに、『生命の尊厳と平等』『民衆の幸福と安穏』そして『地球社会の平和と共生』へ、限りない価値創造の大光を放ちゆくのだ」と記している。ここに、「御書根本」「大聖人直結」という創価学会の永遠の指針が示されている。

第四節　創価学会の組織

（一）和合僧

創価学会の会員は、末法に妙法を弘通する地涌の菩薩としての自覚を持ち、世界各地で人間革命と広宣流布の実践を広げている。

釈尊は、弟子の阿難（アーナンダ）から「善き友のあること、善き仲間のいること、善き人々に囲まれていることは、清浄行（＝仏道修行）の半ばに近い」と言えるかと問われたのに対して、「アーナンダよ。そうではない。そうではない。善き友をもつこと、善き仲間のいること、善き人々に取り巻かれていることは、清浄行の全体である」と語ったと伝えられる。(150) 同志と一緒に、励まし合い、支え合いながら仏法を実践していくことは、仏道の半ばどころか、すべてであると説かれているのである。

日蓮大聖人も、「三三蔵祈雨事」において、「木をうえ候には、大風ふき候えども、つよきすけ（助）をか（支）いぬればたおれず。本より生いて候木なれども、根の弱きはたおれぬ。甲斐なき者なれども、たすくる者強ければたおれず。すこし健げの者も、独りなれば悪しきみちにはたおれぬ」（御書一九四〇ジペー）と述べられ、人を仏道へと導く善知識（仏法を教える良き友）の重要性を強調されている。こうした大聖人の御精神を受け、創価学会は、会員同士が団結し、異体同心の精神で、互いに支え合いながら、人間革命と広宣流布に邁進してきた。

牧口先生は、『創価教育学体系』において、「悪人は自己防衛の本能からたちまち他と協同する。（中略）強くなってますます善良を迫害する悪人に対し、善人はいつまでも孤立して弱くなっている」[151]と洞察し、善の力の連帯が不可欠であるとの確信から、戸田先生と共に創価教育学会を創立した。とくに牧口先生が力を注いだのは、創価学会員が妙法を根本に人間革命を成し遂げた実証を語り合う「座談会」である。地域の老若男女が集う座談会は、開かれた対話の場、教学を研鑽する触発の場であり、同志との団結を深め、決意を新たにし合う仏法実践の原動力である。戸田先生が、第二次世界大戦後、創価学会の組織の再建に取り組む中で重視したのも座談会であり、妙法を実践する連帯を草の根から広げていった。

戸田先生は、「和合僧とは、仏法上の哲理をもってすれば、学会のことである」[152]と訴え、創価学会が何よりも尊い広宣流布のための組織であることを強調してやまなかった。「和合僧」とは、仏教教団を意味するサンガ（僧伽。「和合僧」と訳されることもある）のことである。歴史的にはサンガは出家者を中核とするものであったが、戸田先生は仏教の本義から、現代における和合僧は在家教団である創価学会のことであると断言したのである。

また、戸田先生は、末法の御本仏である日蓮大聖人に直結し、仏の使命である広宣流布を成し遂げている創価学会という組織を、象徴的に「仏」として捉え、未来の経典に「創価学会仏」と記されるであろうと展望した。この「創価学会仏」とは、戸田先生が宗教的確信の上から池田先生に語った表現であり[153]、池田先生の『人間革命』（第十二巻）では、戸田先生の思索として、次のように記されている。

「日蓮大聖人は、御本尊を御図顕あそばされ、末法の衆生のために、御本仏の大生命をとどめ置かれた。まさに『我常在此娑婆世界、説法教化』[154]（法華経四七九㌻）の経文のごとく、仏が常に此の娑婆世界にあって、説法教化されている御姿である。創価学会は、その大法を末法の民衆に教え、流布するために、御本仏の御使いとして出現した。そして、大聖人の御精神のままに、苦悩にあえぐ人びとを救い、菩薩道を行じてきた唯一の団体である。それは、未来永遠に続くであろう。すると、学会の存在もまた、『我常在此娑婆世界、説法教化』の姿ではないか。してみると、学会の存在は、それ自体、創価学会仏ともいうべきものであり、諸仏の集まりといえよう[155]」

この師弟の確信のままに、池田先生は、「創価学会仏」たる崇高な広宣流布の組織を、日本のみならず世界中へと拡大してきた。日本各地や世界各国を訪れ、創価学会員一人一人を励ましてきたほか、手紙・伝言、「聖教新聞」や「大白蓮華」等の機関紙誌、そして中継行事などを通して、大聖人の仏法の真髄と確信を訴え、信心にあふれる血の通った組織を築いていった。

その指導と実践に、日本をはじめ世界中の学会員が呼応して、創価学会の連帯は世界百九十二カ国・地域にまで広がったのである。

このように、自立した在家教団として、歴史上の仏教教団が担ってきた役割および使命を果たしてきたのが、創価学会である。そして現実社会に根ざした在家教団であるからこそ、民族や文化の違いを超えた実践を展開し、仏教史上に類を見ない広宣流布の伸展を成し遂げてきたのである。

（二） 創価学会の三宝

仏教では、その中心となるものを三宝（仏宝・法宝・僧宝）とし、仏教に入信する際には三宝に帰依することを求める。それぞれ簡略に示せば、仏宝は教えを説いた仏、法宝は仏が覚知した根本の法と仏がそれに基づいて説いた教え、僧宝は教えを伝承し実践する教団のことである。

創価学会も、釈尊以来の仏法の伝統を受け継いで、三宝を重んじるが、末法において日蓮大聖人の仏法を実践する上から、仏宝は日蓮大聖人、法宝は「南無妙法蓮華経」、僧宝は創価学会としている。

一、仏宝

仏宝とは、教えを説いた仏のことである。創価学会では、末法において人々が現実に成仏できる教えを説いた日蓮大聖人を仏宝として位置づける。

これまで述べたように、『法華経』如来神力品第二十一では、釈尊は上行菩薩等の地涌の菩薩に、自身の滅後における妙法弘通を託しており、彼らが釈尊に代わって一切衆生を救う使命を担うべき存在であることが示されている。大聖人が末法において『法華経』の肝心である「南無妙法蓮華経」を弘め、万人成仏を可能とする三大秘法を説き示されたのは、釈尊から付嘱を受け、滅後の娑婆世界に現れて妙法を弘める上行菩薩の働きを果たされたものである。それは、釈尊に代わって末法の一切衆生を救済する大業を果たされたことにほかならない。

また、大聖人は、「釈迦如来は我ら衆生には親なり師なり主なり。我ら衆生のためには、阿弥陀仏・薬師仏等は、主にてはましませども、親と師とにはましまさず。ひとり三徳をかねて恩ふかき仏は、釈迦一仏にかぎりたてまつる」（「南条兵衛七郎殿御書」、御書一八二五ジ）と、この現実の世界において人々を救いゆく仏である釈尊に主師親の三徳を見ておられた。そして、「開目抄」の結論部分において、「日蓮は日本国の諸人にしゅうし父母（主師親）なり」（御書一一二一ジペー）と述べ、自身こそが末法の衆生にとっては主師親の三徳を具備した存在であると宣言されている。

以上のような意義を踏まえ、創価学会では、日蓮大聖人を「末法の御本仏」として尊崇し、仏宝と仰ぐのである（詳細は第二章・第四節「末法の御本仏・日蓮大聖人」を参照）。

二、法宝

法宝とは、仏が覚知した根本の法と、仏がそれに基づいて説いた教えである。

これまで述べたように、日蓮大聖人は、釈尊の一代聖教の中でも『法華経』を最勝の経典とし、その『法華経』の肝要の法が「南無妙法蓮華経」であることを覚知された。そして、「釈尊の因行果徳の二法は妙法蓮華経の五字に具足す、我らこの五字を受持すれば、自然に彼の因果の功徳を譲り与えたもう」（「観心本尊抄」、御書一三四～一三五ジペー）と述べられているように、「南無妙法蓮華経」こそが末法の万人成仏の根本の法であると示して、それを誰もが実践できるよう、三大秘法として具現化されたのである。

創価学会は、大聖人が覚知し説き示された一大秘法である「南無妙法蓮華経」を法宝として尊崇し、大聖人が顕された「南無妙法蓮華経」の御本尊を拝して、「南無妙法蓮華経」の題目を唱えるのである。

三、僧宝

僧宝とは仏宝と法宝を伝える教団（サンガ）のことである。歴史的にはサンガの中核は出家者たちであったが、すでに述べたように、釈尊の本来の立場では、サンガを出家者だけに限定する理由はなく、信仰実践の上で出家・在家の区別を認めない日蓮大聖人の仏法においては、むしろ社会において実際に教えを実践し弘める在家者こそがサンガの構成員になるといえる。

大聖人は、「日蓮が一門」（「聖人御難事」、御書一六二〇ページなど）、「我が一門」（「開目抄」、御書一〇〇ページなど）等と、繰り返し「一門」と述べられている。この「一門」とは、出家・在家を問わないものであり、大聖人は妙法を正しく伝持する人々の連帯を大切にされていた。

大聖人が亡くなられた後、大聖人の仏法を正しく継承・伝持したのは、日興上人である。そして、現代において、日興上人を範とし、御書の仰せのままに、大聖人の御遺命たる世界広宣流布を推進しているのが、創価学会である。在家教団として世界に広宣流布を成し遂げてきた実証に鑑み、現代において「南無妙法蓮華経」を正しく伝持する教団である創価学会が、僧宝に当たる。

第五節　弘教と折伏

本節では、日蓮大聖人が仏法を弘める上で留意すべき基準として重視した宗教の五綱について述べ、大聖人の折伏思想と、それを踏まえて現代に実践する創価学会の折伏思想について説明する。

(一) 宗教の五綱

日蓮大聖人は、末法の万人成仏の法である「南無妙法蓮華経」を根本の教えとして確立する上で、その妥当性の根拠を、教・機・時・国・教法流布の先後という五項目を挙げて整理された。これを「宗教の五綱」(「五義」ともいう)と呼ぶ。

伊豆流罪の時期の「顕謗法抄」(一二六二年〈弘長二年〉)には、「行者仏法を弘むる用心を明かさば、夫れ、仏法をひろめんとおもわんものは、必ず五義を存して正法をひろむべし。五義とは、一には教、二には機、三には時、四には国、五には仏法流布の前後なり」(御書四九八～四九九㌻）と述べ、宗教の五綱を弘教の心得として位置づけられている。また、その二年後に書かれた「南条兵衛七郎殿御書」においても、五綱に基づいて論を展開されている。

さらに、佐渡流罪を経た後年の「曽谷入道殿許御書」（一二七五年〈文永十二年〉）では、冒頭に、「時を論ずれば正像末、教を論ずれば小大・偏円・権実・顕密、国を論ずれば中・辺の両国、機を論ずれば已逆と未逆と、已謗と未謗と、師を論ずれば凡師と聖師と、二乗と菩薩と、他方と此土と、迹化と本化となり」（御書一三九〇㌻）と、五綱を提示された上で、「南無妙法蓮華経」の一大秘法を示す重要な論述を展開されている。なお、ここでは「教法流布の先後」の代わりに「師」を挙げられているが、[156] これについては、さまざまな難を乗り越えて妙法を弘通する過程で、自身こそが「教法流布の先後」を知る末法の広宣流布の担い手であり、「師（聖師）」に当たるとの自覚を深められたからであると考えられる。

このように、宗教の五綱は、大聖人が生涯を貫いて深められていった独自の思想であるといえる。

大聖人の立場では、この宗教の五綱は、自身の仏法を末法の日本で弘めることを論証する意味を有していたが、創価学会では、これを世界の弘教において念頭に置くべき項目として活用している。

一、教

「教」とは、どのような教えを弘めるべきかを判定することである。このためには、当然、さまざまな教えについて正確な理解が必要となる。すでに述べた通り、日蓮大聖人は、さまざまな経典の比較の末に、『法華経』が最高の教えであり、その核心が「南無妙法蓮華経」であることを示された。創価学会もその結論を受容することは言うまでもない。その上で、現実の弘教活動においては、単にその結論を主張するだけではなく、大聖人の教えを正しく理解し、現代の諸思想や学問的知見も踏まえながら、わかりやすく展開する姿勢が、「教」を重視することになる。

二、機

「機」とは、仏の教化を受ける衆生一人一人の在り方・能力を意味する。仏教においては、機に応じた教えを説くという考え方があるが、日蓮大聖人の立場では、末法の人々の機は劣悪であり、「南無妙法蓮華経」のみによって救われるとされる。また、たとえ反発を受けたとしても、強いて説くことで、聞いた人は最終的に救済されるという考えもある。「南無妙法蓮華経」のみが万人を救済するという確信は創価学会にとって根本の信条であるが、一方で、人々にはそれぞれの傾向性があり、信仰に求めるものも異なる。実際の弘教にあたっては、人々の個性や考えを尊重し、それぞれの抱える悩みに、「南無妙法蓮華経」を根幹に、創価学会の信仰がどのような解決をもたらすかを丁寧に説明し、一人一人を大切にしながら、その人の幸福を願って誠実に対話していくことが、「機」を重視することになるといえよう。

三、時

「時」とは、正法・像法・末法という釈尊滅後の仏教史の時代区分である。日蓮大聖人は、自らの時代を末法と受けとめ、末法の衆生を救済する仏法の確立を目指された。

創価学会でも、現在が末法であるという認識を共有している。その一方で、現実の弘教活動において、平和な時代、停滞した時代、混乱した時代など、それぞれの時代の状況に応じて、仏法が目指す理想を明確に提示していくことが必要である。また、そうでなくては、人々の共感をつかむことはできない。決して時代に迎合するのではなく、それぞれの時代の課題に的確に応じて、仏法の理念を具体的に示し、時代をリードしていく姿勢が、「時」を重視することである。

四、国

「国」とは、それぞれの国土や社会、地域によって異なる自然的、文化的、歴史的状況を正しく認識し、その国土に適合する教えを弘めるべきであるということである。

日蓮大聖人の立場では、日本が『法華経』にとくに縁が深いことが示され、日本において大聖人の仏法が流布されるべきことが強調されたが、大聖人の本意は全世界に弘通することであったことは言うまでもない。その意味では、「国」の重視は、さまざまな地域・国土の特性を踏まえた布教の展開を考えることといえよう。

また、これは、「随方毘尼」という考えにも通じるといえる。随方毘尼とは、仏法の根本の法理に背かなければ、各国・各地域の風俗や習慣に随って、毘尼（出家教団の規則であるヴィナヤ＝律のこと）の細則を柔軟に運用すべきであるということである。これは、仏法の根本の教えに背かない範囲において、各地の文化や伝統を尊重しながら法を弘めることに通じる。

創価学会の立場では、信仰の対象や教理の原則は厳格に守りながら、信教の自由や布教の自由が認められている国かどうかなども認識しつつ、組織の具体的な在り方や社会との関係について、各国・各地域の広宣流布への取り組みを尊重することが、「国」を重視することである。

五、教法流布の先後

「教法流布の先後」とは、教えを弘めるにあたっては、必ず先に広まった仏教の教えを知った上で、より優れた法を弘めなければならないということである。

日蓮大聖人の立場では、日本ではすでに最高の教えである『法華経』を受容している以上、それよりも前の劣った教えを採用する必要はないということになる。

現代の弘教の観点では、地域によっては、そもそも仏教への認識自体がないところもあり、社会の思想的状況を踏まえた上で仏法を展開する必要がある。これが「教法流布の先後」を知ることに通じる。

（二）日蓮大聖人の折伏思想

日蓮大聖人の布教方法は、一般に「折伏」といわれ、創価学会でも弘教の活動を「折伏」と位置づけている。

仏教において、「折伏」は、「摂受」と対《つい》にして使用される言葉であり、正しい教えを受け入れない者に対する対応の仕方を示す。折伏が、そうした人々が信じている悪法を対治していくことであるのに対し、摂受は、包容し教導することを意味する。

大聖人は、こうした原義を踏まえつつ、折伏とは難を覚悟して正しい教えを説き弘めていくことであり、それを受け入れず反発する人に対しても結果として救済をもたらす慈悲の行為であることを明確にされている。

例えば、竜の口の法難直後の一二七一年（文永八年）十月五日の「転重軽受法門」では、「仏陀蜜多・竜樹菩薩なんども多くの難にあえり。また難なくして、王法に御帰依いみじくて、法をひろめたる人も候。これは、世に悪国・善国有り、法に摂受・折伏あるゆえかとみえはんべる」（御書一三五六㌻）と述べられ、教法により摂受と折伏があるが、それは法を弘める上で難があるかどうかという相違をもたらすとされている。

その四カ月後に著された「開目抄」でも、折伏と摂受に触れ、大聖人御自身の見解として、「夫れ、摂受・折伏と申す法門は、水火のごとし。火は水をいとう。水は火をにくむ。摂受の者は折伏をわらう。折伏の者は摂受をかなしむ。無智・悪人の国土に充満の時は、摂受を前とす。安楽行品のごとし。邪智・謗法の者の多き時は、折伏を前とす。常不軽品のごとし。（中略）末法に摂受・折伏あるべし。いわゆる悪国・破法の両国あるべきゆえなり。日本国の当世は悪国か破法の国かとしるべし」（御書一一八～一一九㌻）と述べられている。末法においては、「悪国（仏法を知らない国）」と「破法の国（正しい仏法を否定する国）」との相違があるから、摂受と折伏という布教方法の相違があるということを確認し、当時の日本がどちらの布教方法が適切であるかを判断するように勧められているのである。さらに、ここで注目すべきは、折伏の根拠として『法華経』常不軽菩薩品第二十が挙げられていることである。[157] すでに述べたように、常不軽菩薩品には、不軽菩薩があらゆる人に未来の成仏を保証（授記）して、迫害を受けたが、最終的には仏となり、迫害した人々も地獄に堕ちた後に、不軽菩薩によって救済されたことが説かれている。大聖人の折伏観は、不軽菩薩と同様に、迫害を前提とし、むしろ迫害を通じて結縁した人々を救済するものといえる。

初期の著作である「唱法華題目抄」では、「方便品等には機をかがみてこの経を説くべしと見え、不軽品には謗ずともただ強いてこれを説くべしと見え侍り」（御書二〇ページ）と示された上で、天台大師の『法華文句』の「本いまだ善有らざれば、不軽は大をもってこれを強毒す」を引用し、[158]この『法華文句』の解釈として、「文の心は、（中略）本大《もと》の善根もなく、今も法華経を信ずべからず、なにとなくとも悪道に堕ちぬべき故に、ただ押して法華経を説いてこれを謗ぜしめて逆縁ともなせと会《え》する文なり」（同ページ）と述べられている。仏に成るべき過去世の善業もなく、悪道（地獄などの苦悩の世界）に再生することが決まっている衆生には、常不軽菩薩品のように強いて『法華経』を説き、むしろ彼らがそれを謗ることで『法華経』との縁を結び（逆縁）、救済の契機とすべきであるとされているのである。

さらに、妙楽大師の『法華文句記』を引用して、[159]「妙楽大師釈して云わく『仏世は当機の故に簡《えら》ぶ。末代は結縁の故に聞かしむ』と釈し給えり」（御書二一ページ）と述べられている。ここには摂受・折伏という語は出ないが、末法では、正しい教えを受け入れることができない人々に、正しい教えと縁を結ばせるために、強いて説くという折伏が必要であるという大聖人の考えが示されている。

このように、大聖人の折伏観には、末法の誰人をも救済するという誓願と慈悲の精神が込められているのである。

（三）創価学会の折伏思想

日蓮大聖人は、鎌倉時代において、諸宗が仏意を歪曲し、『法華経』に説かれる釈尊の真意を踏みにじっている事実を前にして、「四箇の格言」（「念仏無間」「禅天魔」「真言亡国」「律国賊」）によって諸宗を厳しく批判された。この批判は経典に基づいた理性的な宗教論であり、仏意や経文をないがしろにする諸宗の祖師をはじめとする僧や、その主張を無批判に受け入れていた社会の指導者に向けられていた。

創価学会も草創期にあって、大聖人の諸宗批判の精神を継承して、弘教の場などで四箇の格言を用いてきた。それは、四箇の格言に取り上げられた諸宗に対する標語が、現実逃避（念仏）、主観主義（禅）、神秘主義（真言）、形式主義（律）など、人間の陥りやすい誤った傾向を象徴的に指摘したものとして、一定の説得力を持つと考えたからであった。

この点について、池田先生は、「四箇の格言を、大聖人が唱えられたものだからと言って、人々の心を無視し、時代の変化を無視して、ただ繰り返して唱えても、かえって大聖人の御心に背くことになりかねない。それでは、ドグマ（教条）になってしまう。宗教の魔性は、そういうところに現れてくるからです。大事なのは人間であり、心です。四箇の格言は、民衆を惑わす魔性とは断固として戦うという、大聖人の確固たる信念の現れです」(160)と指摘している。

創価学会の使命は、大聖人の御遺命である広宣流布を推進することにある。創価学会は、仏法、なかんずく『法華経』に縁がある日本において、「南無妙法蓮華経」を説き弘める実践を、すべて「折伏」として捉えてきた。その上で、実際の振る舞いにおいては、相手の異なる考えを尊重する姿勢と、相手の誤解や偏見を正していく姿勢とを、どちらも重んじている。それは、大聖人の大慈悲による折伏精神に基づいたものであり、不軽菩薩のごとく、相手を尊敬して誠実に真実を語り抜いていく実践である。その意味において、日本とは宗教的土壌が異なる海外においても、抜苦与楽の慈悲に基づく仏法対話を「折伏」と呼んでいるのである。

池田先生は、「末法において南無妙法蓮華経を説くことは、すべて『折伏』です。我が身を惜しまず妙法を語っていく折伏精神が根本であれば、相手の誤りを破折することも、また相手の考えを包容しながら真実を説くことも、両方あってよいのです」、「（摂受と折伏の）両方を使いきっていく〝智慧〟が大事です。（中略）折伏とは『真実を言いきっていくこと』です。誠実に、まじめに、相手の幸せを願って仏法を語っていけば、すべて『折伏』になるのです」[161]と述べている。

このように、創価学会は、大聖人に連なり、慈悲の発露としての折伏精神を堅持していくとともに、実際の弘教においては、仏法の寛容の精神に基づき、相手の立場や思想を尊重しつつ、智慧を発揮して、共感と納得の対話を貫くことを重んじている。それは、必ずしも相手の入会のみを目的とした行為ではなく、自他共の幸福を求め、互いに啓発し合い高め合っていく実践である。

後注

（1）ガウタマ・シッダールタ（サンスクリット。パーリ語ではゴータマ・シッダッタという）が覚りを開いたので、釈迦牟尼（釈迦族の聖者）、釈迦牟尼世尊（釈迦族の聖者で、世に尊敬される者）と尊称された。これを省略して「釈尊」と呼ぶ場合もある。

（2）サンスクリットのシュラマナに対応する音写語。努力する人の意。古代インドの世襲的聖職者バラモンの伝統から離れた自由な思想展開と実践を行った人々のこと。

（3）現代の学問的知見では、二十九歳で出家し三十五歳で覚りを開いたとする説が有力であるが、近代以前の中国・日本では、十九歳で出家し三十歳で覚りを開いたとする説も流行した。

（4）サンスクリットのクマーラジーヴァの音写。生没年は三四四〜四一三年、三五〇〜四〇九年など諸説がある。

（5）「創価学会会憲」の前文には「釈尊に始まる仏教は、大乗仏教の真髄である法華経において、一切衆生を救う教えとして示された。末法の御本仏日蓮大聖人は、法華経の肝心であり、根本の法である南無妙法蓮華経を三大秘法として具現し、未来永遠にわたる人類救済の法を確立するとともに、世界広宣流布を御遺命された」、「創価学会は、大聖人の御遺命である世界広宣流布を唯一実現しゆく仏意仏勅の正統な教団である」とある。なお、会憲の第五条に「この会は、『三代会長』を広宣流布の永遠の師匠と仰ぎ、第二条の教義および前条の目的を同じくする世界各国・地域の団体および会員をもって構成する」とあるように、「創価学会」は日本国内のみならず、世界中の会員を含む。

（6）「渇愛」は喉の渇きに譬えられる貪りの心をいい、「無明」は根本的な無知のこと。

（7）中村元訳『ブッダのことば―スッタニパータ』（岩波書店）。

（8）まとまった初期仏教経典としては、パーリ語で書かれた五つのニカーヤと漢訳された四つの阿含経がある。五ニカーヤは、長部・中部・相応部・増支部・小部の五部、四阿含経は、『長阿含経』『中阿含経』『雑阿含経』『増一阿含経』の四経。

（9）八正道は、正見（正しい見解）、正思（正しい思惟・思考）、正語（正しい言葉）、正業（正しい行い）、正命（正しい生活）、正精進（正しい努力）、正念（正しい思念）、正定（正しい精神統一）の八つ。

（10）十二因縁の十二項目は、①無明、②行、③識、④名色、⑤六処、⑥触、⑦受、⑧愛、⑨取、⑩有、⑪生、⑫老死。

（11）中国の陳・隋にかけて活躍した僧で、中国の天台宗の事実上の開祖。智者大師と讃えられる。南岳大師慧思に師事した。『法華玄義』『法華文句』『摩訶止観』を講述し、これを弟子の章安大師灌頂がまとめた。これらによって、『法華経』を宣揚するとともに、観心の修行である一念三千の法門を説いた。

（12）『法華玄義』巻第二上、「『経』に『衆生をして仏の知見に開示悟入せしめんが為めなり』とあるが如し。若し衆生に仏知見無くば、何ぞ開を論ずる所あらん。当に知るべし、仏の知見は衆生に蘊《あつ》まるなり」（大正三三、六九三上五～七）を参照。

(13) 中国の仏教では「開三顕一（三乗が方便であることを示して、真実である一乗を顕すこと）」という。

(14) 本門と迹門は『法華文句』に説かれるもので、『法華経』二十八品の前半十四品を迹門、後半十四品を本門とそれぞれ呼ぶ。

(15) 中国の仏教では「開近顕遠（始成正覚が方便であることを示して、久遠実成が真実であることを顕すこと）」という。

(16) この箇所で菩薩たちは韻文によって『法華経』を弘める者が蒙る迫害について述べるが、鳩摩羅什訳『妙法蓮華経』では二十行（四句で一行）から成る偈（韻文の経文）であるので、この箇所を「二十行の偈」と称する。

(17) 「一代の肝心は法華経、法華経の修行の肝心は不軽品にて候なり。不軽菩薩の人を敬いしは、いかなることぞ。教主釈尊の出世の本懐は人の振る舞いにて候いけるぞ」（「崇峻天皇御書」、御書一五九七ジペー）を参照。

(18) 不軽菩薩が唱えた言葉は、漢訳経典では二十四文字になり、大聖人もしばしば言及されている。「彼の二十四字とこの五字とは、その語殊なりといえども、その意これ同じ」（「顕仏未来記」、御書六〇九ジペー）、「不軽菩薩は、多年が間、二十四字のゆえに無量無辺の四衆に『罵詈毀辱』『杖木・瓦礫而打擲之（杖木・瓦礫もて、これを打擲す）』せられ給いき」（「日妙聖人御書」、御書一六八〇ジペー）など。

(19) 仏の寿命が長遠であることを信じることによって得られるもので、『法華経』法師功徳品第十九に説かれる。六根（眼・耳・鼻・舌・身・意根）がさまざまな功徳を得ることによって清浄になること。

(20) 二三九～三一六年。中国・西晋の訳経僧。

(21) 五二三～六〇〇／六〇五年。サンスクリットのジュニャーナグプタの音写。北インドのガンダーラ出身の訳経僧。

(22) ?～六一九年。サンスクリットのダルマグプタの音写。南インド出身の訳経僧。

(23) 天台大師智顗が鳩摩羅什訳『妙法蓮華経』の題名について講義したものを、章安大師灌頂が編集整理したもの。「妙法蓮華経」の奥深い意義を、名・体・宗・用・教の五つの観点（五重玄義）から解明している。

(24) 天台大師智顗の講義を章安大師灌頂が編集整理した『法華経』の注釈書。『法華経』の文々句々の意義を、因縁・約教・本迹・観心の四つの解釈法によって明らかにしている。

(25) 天台大師智顗が講述し、章安大師灌頂が記した。『法華玄義』『法華文句』とともに天台三大部とされる。本書で天台大師は、仏教の実践修行を「止観」として詳細に体系化し、一念三千の法門を明らかにした。

(26) 平安初期の僧で、日本における天台宗の開祖。比叡山（後の延暦寺、滋賀県大津市）を拠点として修行し、その後、唐に渡り天台教学と密教を学ぶ。帰国後、『法華経』を根本とする天台宗を開創し、『法華経』の一仏乗の思想を宣揚した。晩年は大乗戒壇の設立を目指して諸宗から反発されたが、死後に実現した。

(27) 日蓮大聖人は、「南無妙法蓮華経」について、「法華経（寿量品）の肝心」「法華経（寿量品）

の肝要」等と表現し、『法華経』の教説が説き示す核心の教えとして位置づけられた。なお、「肝心」も「肝要」も同じ意味で用いられる。

(28) 「日蓮は東海道十五箇国の内、第十二に相当たる安房国長狭郡東条郷片海の海人が子なり」（「本尊問答抄」、御書三一〇㌻）を参照。

(29) 『山家学生式』（六条式）の「凡そ止観業の者は、年年毎日、法華、金光、仁王、守護の諸大乗等の護国の衆経を長転長講せしめん。凡そ遮那業の者は、歳歳、毎日、遮那、孔雀、不空、仏頂の諸真言等の護国の真言を長念せしめん」（『伝教大師全集』第一巻〈世界聖典刊行協会〉、一二㌻）を参照。

(30) 七九四～八六四年。平安初期の天台宗の僧。第三代天台座主。

(31) 一一三三～一二一二年。平安末期から鎌倉初期の僧。日本の浄土宗の開祖。

(32) 八一四～八九一年。平安初期の天台宗の僧。第五代天台座主。

(33) 「台密」ともいう。とくに円仁（慈覚）、円珍（智証）以後の天台宗が独自に解釈し実践した密教のこと。円仁、円珍ともに唐に渡って密教を学んだが、円珍は円仁が進めた天台宗の密教化をさらに推進した。

(34) 『涅槃経』は、『大般涅槃経』の略。釈尊の臨終を舞台にした大乗経典。「依法不依人」は、法の四依の一つ。『涅槃経』（南本）巻第六、四依品の「法に依って人に依らざれ。義に依って語に依らざれ。智に依って識に依らざれ。了義経に依って不了義経に依らざれ」（大正一二、六四二上二二～二三）を参照。

(35)　意味が明瞭な経典の意。釈尊が真意を説いた経をいう。そうではない経典を「不了義経」という。

(36)　成仏の根本因を植物の種に譬えて仏種と呼ぶ。衆生の生命に具わる仏性は、成仏の主な因であるので仏種とされる。さらに衆生の仏性を開発する仏の教法も、成仏の因であるので、仏種とされる。

(37)　妙楽大師湛然は『法華文句記』で、「二十行の偈」の内容を三種類の迫害者（三類の強敵）として整理している。①俗衆増上慢（正法の行者を悪口し暴力を加える、仏法に無知な人）、②道門増上慢（正しい教えを理解できない邪智の出家者）、③僭聖増上慢（内面の悪心を隠して人々の尊敬を集める一方で、権力者らに対して正法の行者を誹謗する出家者）の三つ。

(38)　例えば、佐渡流罪中に著された「開目抄」には「当世、法華の三類の強敵なくば、誰か仏説を信受せん。日蓮なくば、誰をか法華経の行者として仏語をたすけん」（御書七三ページ）とあり、身延期に著された「撰時抄」には「日蓮は日本第一の法華経の行者なること、あえて疑いなし」（御書一九九ページ）とある。さらに、逝去の年に書かれた「法華証明抄」の冒頭には、「法華経の行者日蓮」（御書一九三〇ページ）と記されている。

(39)　『法華経』では、地涌の菩薩の特徴として「其の志念は堅固にして　大忍辱力有り」（法華経四五九ページ）、「是の諸の菩薩等は　志固くして怯弱無し（中略）忍辱の心は決定し　端正にして威徳有り」（法華経四七二ページ）と説かれ、地涌の菩薩が志が固く忍耐に優れていることが強調されている。

(40)　日蓮大聖人は「開目抄」で「日蓮が法華経の智解は天台・伝教には千万が一分も及ぶことな

けれども、難を忍び慈悲のすぐれたることはおそれをもいだきぬべし」（御書七二ページ）と、自らの忍難弘通の原動力は慈悲であると述べられている。

(41) 中国・唐の僧。天台宗の中興の祖。天台大師の著作に対する注釈書『法華玄義釈籤』『法華文句記』『止観輔行伝弘決』などを著し、『法華経』こそが最も優れた醍醐味の教え（超八醍醐）であるとして、天台教学を整備した。

(42) 『法華文句記』巻第八の三（大正三四、三〇六上一二～一四）。

(43) 法師品ではまだ地涌の菩薩が明らかにされていないものの、釈尊は従地涌出品において『法華経』の会座に地涌の菩薩を呼び寄せ、滅後の弘教を託すので、法師品で言及されている滅後に『法華経』を弘める人とは、地涌の菩薩のことを指しているといえる。

(44) 「経文に我が身符合せり。御勘気をかぼれば、いよいよ悦びをますべし。例せば、小乗の菩薩の未断惑なるが、願兼於業と申して、つくりたくなき罪なれども、父母等の地獄に堕ちて大苦をうくるを見て、かたのごとくその業を造って、願って地獄に堕ちて苦しむに、同じ苦に代われるを悦びとするがごとし。これもまたかくのごとし」（「開目抄」、御書七四ページ）を参照。

(45) 一二七四年（文永十一年）十二月に顕された御本尊に記された讃文（本尊の徳を讃える言葉）には、「大覚世尊御入滅後、二千二百二十余年を経歴す。爾りと雖も、月漢日三箇国の間、未だ此の大本尊有《まし》さず。或は知って之を弘めず、或は之を知らず。我が慈父、仏智を以て之を隠し留め、末代の為に之を残したもう。後の五百歳の時、上行菩薩世に出現して、始めて之を弘宣す」（原文は漢文。書き下しは編者による）とあり、これは御本尊を顕した大聖人自身について、上行菩薩の使命を果たしていると述べられたものとも解釈できる。

(46) 後世、「文字曼荼羅」「曼荼羅本尊」などと称されるが、日蓮大聖人自身は「御本尊」とのみ呼ぶ場合が圧倒的に多い。

(47) 仏教修行者が戒律を受ける場所。ただし、「本門の戒壇」の場合、単なる場所ではなく、独自の意義が加えられている。詳細は第二章・第三節「(二) 本門の戒壇」を参照。

(48) 『牧口常三郎全集』第五巻（第三文明社）、三五九ページ。

(49) 『牧口常三郎全集』第五巻（第三文明社）、三五九ページ。

(50) 『牧口常三郎全集』第五巻（第三文明社）、三五九ページ。

(51) 『牧口常三郎全集』第五巻（第三文明社）、三六〇ページ。

(52) 『牧口常三郎全集』第八巻（第三文明社）、四〇五ページ。

(53) 『創価教育学体系』の奥付には、著者である牧口先生、発行兼印刷者である戸田先生の名前とともに、発行所として創価学会の前身となる「創価教育学会」の名称が記されている。これが創価教育学会の名が世に出た最初であり、その意義をもって、発刊日である一九三〇年十一月十八日を創価教育学会の創立日としている。

(54) 『牧口常三郎全集』第十巻（第三文明社）、一五一ページ。

(55) 正法を信じ行ずることを阻もうとする働き。三障には①煩悩障、②業障、③報障があり、四魔には①陰魔、②煩悩魔、③死魔、④天子魔がある。

(56) 『牧口常三郎全集』第十巻（第三文明社）、一五二ページ。

(57) 中国・隋の僧。天台大師智顗の弟子。天台大師の講義をもとに『法華玄義』『法華文句』『摩訶止観』などを筆録・編纂した。なお、引用文については、『大般涅槃経疏』巻第七、「慈無くして詐り親しむは、是れ彼の人の怨なり。能く糾治する者は、是れ護法の声聞、真の我が弟子なり。彼の為に悪を除くは、即ち是れ彼の親なり」(大正三八、八〇中一〜三)を参照。

(58) 「一切経の肝心は法華経で、他の諸経はこれに至るまでの方便経であり、序分でありもしくは流通分であり、例えば塔を建てるに当たっての足場の如きものに過ぎない。塔ができた以上は足場は用がないとは、末法たる現代に対して仏の勅語である。しかるにそれは日蓮大聖人を通さなければ、理解されるものではない」(『牧口常三郎全集』第八巻〈第三文明社〉、四〇八ジ)を参照。

(59) 一つの経典、あるいは経典群の序説となる経のこと。結経に対する語。『法華経』に対しては『無量義経』が開経となる。

(60) 『無量義経』徳行品の「其の身は有に非ず亦無に非ず　因に非ず縁に非ず自他に非ず　方に非ず円に非ず短長に非ず　出に非ず没に非ず生滅に非ず　造に非ず起に非ず為作に非ず　坐に非ず臥に非ず行住に非ず　動に非ず転に非ず閑静に非ず　進に非ず退に非ず安危に非ず　是に非ず非に非ず得失に非ず　彼に非ず此に非ず去来に非ず　青に非ず黄に非ず赤白に非ず　紅に非ず紫種種の色に非ず」(法華経一二〜一三ジ)を参照。

(61) この時の体験は、戸田城聖著『人間革命』(聖教新聞社、一九五七年初刊)に詳しい。

(62) 池田先生は、「この『獄中の悟達』こそ、私どもの永遠の原点です。法華経を現代に蘇らせた一瞬であり、『人間革命』という太陽が現代に昇った一瞬だった」(『法華経の智慧』〈『池田大作全集』第三十巻（聖教新聞社）、一八七ページ）、「創価学会の確信の精髄は、戸田城聖の『獄中の悟達』にある。法華経に説かれた『在在諸仏土　常与師倶生（在在の諸仏の土に　常に師と倶に生ず）』（法華経三一七ページ）の文を生命で読んだ戸田の、『われ地涌の菩薩なり』との悟達こそが、学会の魂である」（『新・人間革命』第二十二巻「新世紀」の章〈聖教ワイド文庫（聖教新聞社）、二一ページ〉）等と評価している。

(63)『戸田城聖全集』第三巻（聖教新聞社）、三八六ページ。

(64)『戸田城聖全集』第三巻（聖教新聞社）、一一九〜一二〇ページ。引用文中の（　）は編集上の補い。

(65)池田先生は、一九六二年八月から一九六七年四月まで学生部の代表に対して「御義口伝」の講義を行い、その内容は『御義口伝講義』（聖教新聞社）として発刊された。また、機関誌「大白蓮華」二〇二二年十一月号から、「世界を照らす太陽の仏法　『御義口伝』要文編」と題して、新たに「御義口伝」の講義の連載を開始した。

(66)日蓮大聖人の後継者。伯耆房、白蓮阿闍梨と号する。佐渡流罪にも同行し、長年にわたり大聖人の身近にお仕えした。大聖人が亡くなる直前に、後継の六人の高弟（本弟子）の一人として選ばれ、大聖人滅後の妙法弘通を託された。

(67)一九七二年一月から同年九月まで、九回にわたって機関誌「大白蓮華」に連載されたものがまとめられて、翌一九七三年一月に文藝春秋社から刊行された。

(68)一九七三年五月から翌一九七四年四月まで、十一回にわたって月刊誌「第三文明」に掲載されたものがまとめられて、一九七四年四月に第三文明社から刊行された。

(69)一九七四年五月から一九七六年三月までのほぼ二年間、十二回にわたって月刊誌「第三文明」

に掲載されたものがまとめられて、一九七六年十一月に第三文明社から刊行された。

(70)「聖教新聞」紙上で毎週水曜日に掲載され、翌一九九六年三月十三日付まで連載された（四十五回）。二〇二二年十月、改訂され、『新版　法華経　方便品・自我偈講義』が発刊された。

(71) 機関誌「大白蓮華」一九九五年二月号から一九九九年六月号まで掲載された（五十三回）。

(72)『池田大作全集』第三十巻（聖教新聞社）、一九七ジペー。

(73)『池田大作全集』第四十三巻（聖教新聞社）、三三〜三四ジペー。

(74)『大方等大集経』の略。中国・北涼の曇無讖らの訳。大乗の諸経を集めて一部の経としたもの。

(75)『大方等大集経』巻第五十五、月蔵分、分布閻浮提品の「我が滅後の五百年の中に於いて、諸の比丘等は、猶お我が法に於いて、解脱堅固なり。次の五百年は、我が正法は禅定三昧にして、住することを得ること堅固なり。次の五百年は、読誦多聞にして、住することを得ること堅固なり。次の五百年は、我が法の中に於いて、多く塔寺を造り、住することを得ること堅固なり。次の五百年は、我が法の中に於いて、闘諍言訟して、白法隠没し、損減すること堅固なり」（大正一三、三六三上二九〜中五）を参照。

(76) 中国・南北朝時代の北斉の僧。天台大師智顗の師。

(77) 南岳大師慧思は『立誓願文』で、釈尊が亡くなった年を紀元前一〇六八年とし、正法五百年・像法千年と定めて、四三四年を末法元年として、末法は一万年続くとした。これは末法思想を中国で最初に説いたものとされる。

(78)『法華経』薬王菩薩本事品第二十三の「我滅度して後、後の五百歳の中、閻浮提に広宣流布して、断絶して悪魔・魔民・諸天・竜・夜叉・鳩槃荼等に其の便を得しむること無かれ」（法華経六〇一㌻）を参照。

(79)「今、末法に入って二百二十余年、『我が法の中において闘諍言訟して白法隠没せん』の時に相当たれり。法華経の第七の薬王品に、教主釈尊、多宝仏とともに宿王華菩薩に語って云わく『我滅度して後、後の五百歳の中、閻浮提に広宣流布して、断絶して悪魔・魔民・諸天・竜・夜叉・鳩槃荼等にその便りを得しむることなかれ』。大集経の文をもってこれを案ずるに、前の四箇度の五百年は、仏の記文のごとく既に符合せしめ了わんぬ。第五の五百歳の一事、あに唐捐《とうえん》ならん。したがって、当世の為体《ていたらく》、大日本国と大蒙古国と闘諍合戦す。第五の五百に相当たれるか。彼の大集経の文をもってこの法華経の文を惟うに、『後の五百歳の中、閻浮提に広宣流布して』の鳳詔、あに扶桑国にあらずや」（「曽谷入道殿許御書」、御書一四〇六〜一四〇七㌻）を参照。

(80)『法華玄義』巻第一上の「私序王」には、「此の妙法蓮華経とは、本地甚深の奥蔵なり。（中略）三世の如来の証得する所なり」（大正三三、六八一下九〜一一）と述べている。「妙法蓮華経」は久遠の釈尊が覚った究極の法であり、三世の諸仏が証得した法であるとしている。

(81)「本尊問答抄」には、「法華経は釈尊の父母、諸仏の眼目なり。釈迦・大日、総じて十方の諸仏は、法華経より出生し給えり」（御書三〇四㌻）と述べられている。この御文における「法華経」は「法華経の題目」すなわち「妙法蓮華経」を指し、「妙法蓮華経」は単に仏の説いた根本の法というだけではなく、仏そのものを生み出す法であると位置づけられている。

(82)日蓮大聖人は基本的には「妙法蓮華経」と「南無妙法蓮華経」を区別されず、「妙法蓮華経の七字五字」（「諫暁八幡抄」、御書七四二㌻）、「南無妙法蓮華経の五字」（「観心本尊抄」、御書一三六㌻）などと記される例もある。

(83) 『法華文句記』巻第八の四(大正三四、三一一上一四)を参照。

(84) 日蓮大聖人は「法華経に来って始めて仏種を心田に下ろして、一生に初地・初住等に登る者もあり」(「小乗大乗分別抄」、御書六三五ジペー)と述べ、人々の「心田」に成仏の種を下ろすと表現されている。

(85) 厳密にいえば、この場合の仏種は仏因であるが、内在因の仏界(仏の要素、成仏の境地の潜在的可能性。この意味では仏性と同じ)を刺激して開発の機縁となる教えで、補助的因であるといえる。

(86) 現在の仏教学の一般的理解では、「小乗」とは、大乗仏教の側が、自派と敵対する部派(とくに説一切有部)に対して貼ったレッテルであり、部派仏教全体を「小乗」と言ったわけではないと考えられているが、東アジアではかつて部派仏教全体を「小乗」と呼んだ。

(87) 「迹門方便品は一念三千・二乗作仏を説いて、爾前二種の失一つを脱れたり。しかりといえども、いまだ発迹顕本せざれば、まことの一念三千もあらわれず、二乗作仏も定まらず、水中の月を見るがごとし。根なし草の波の上に浮かべるににたり。本門にいたりて始成正覚をやぶれば、四教の果をやぶる。四教の果をやぶれば、四教の因やぶれぬ。爾前・迹門の十界の因果を打ちやぶって、本門の十界の因果をとき顕す。これ即ち本因本果の法門なり。九界も無始の仏界に具し、仏界も無始の九界に備わって、真の十界互具・百界千如・一念三千なるべし」(「開目抄」、御書六六ジペー)を参照。

(88) 仏が衆生を成仏に導くさまを植物の種まき・育成・収穫に譬えた種熟脱(下種・調熟・得脱)の三益のうち、最後の脱を促す利益。仏が種々の教えを説いて衆生の機根を調えた後、最後に苦悩から根本的に脱出して覚りを得る（得脱）ことを促す教えの利益が脱益である。

(89) 最も核心となる部分を正宗分、正宗分に入るまでの導入部分を序分とし、正宗分をどのように弘めていくかを説いた部分を流通分という。

(90) 一つの経（本経）が説かれる場合に、本経を説いた後に結論としてその要旨をまとめたり、弘め方などを説いたりする経。開経に対する語。『法華経』に対しては『観普賢菩薩行法経』が結経となる。

(91) 「南無妙法蓮華経」は、「本尊問答抄」では「能生（生み出す主体）」とされ、釈迦等の諸仏は「所生（生み出されるもの）」として位置づけられている。『法華経』の題目を本尊とする意義について、「釈迦・大日、総じて十方の諸仏は、法華経より出生し給えり。故に今、能生をもって本尊とするなり。（中略）仏は所生、法華経は能生」（御書三〇四ジペー）と述べられている。

(92) 脇士は中尊（中心）の仏の左右あるいは周囲にあって、仏の功徳と働きを表す。脇士の位・様相によって、その本尊の功徳と働きの高下が判じられる。

(93) 日蓮大聖人によって選ばれた後継の六人の高弟（本弟子）のうち、日興上人以外の日昭、日朗、日向、日頂、日持の五人のこと。日興上人は、大聖人の不惜身命の広宣流布の精神と行動を受け継いだが、五老僧が節を曲げた行動をしたため、これを厳しく糾弾された。

(94) 「富士一跡門徒存知の事」には「御書の意」とあるだけで、どの御書であるかは明示されていないが、日道（日時説もある）の「三師御伝土代」に収録されている「日興上人御遺告」には、「一体仏」批判の箇所に「本尊問答抄」が挙げられているので、「本尊問答抄」と考えられる（「三師御伝土代」『富士宗学要集』第五巻〈創価学会〉、一一ジペー）。

(95)「一、弁阿闍梨の弟子・輔房日高、去ぬる嘉元年中以来、日興が義を盗み取って下総国において盛んに弘通す。／一、伊予阿闍梨の下総国真間の堂は一体仏なり。しかるに、去ぬる年月、日興が義を盗み取って四脇士を造り副う。彼の菩薩の像は宝冠形なり。／一、民部阿闍梨も同じく四脇士を造り副う。彼の菩薩像は比丘形にして納衣を着す。また近年以来、諸神に詣ずることを留むるの由聞くなり。／一、甲斐国に肥前房日伝という者有り〈寂日房の、後に背きし弟子なり〉。日興が義を盗み取って甲斐国において盛んにこの義を弘通す云々。これまた四脇士を造り副う。彼の菩薩の像は、身は皆金色にして剃髪の比丘形なり。また神詣で、これを留むる由これを聞く」(「富士一跡門徒存知の事」御書二一八四ページ)を参照。

(96) 日興上人の流れを汲む派(日興門流)のうち、日興上人の弟子である日目が拠点とした大石寺を総本山とする宗派。「日蓮正宗」は明治以後の公称。

(97) 一二七九年(弘安二年)十月十二日の日付で顕されたとされている大石寺所蔵の御本尊のこと。日蓮正宗では、この「弘安二年の御本尊」の図顕を日蓮大聖人の出世の本懐と位置づけ、「弘安二年の御本尊」に繋がらなければ他の本尊は効力を発揮しないなどとする本尊観を唱える。

(98) 仏道修行にあたり、学習し実践し体得すべき三つの基本的な事柄。①戒とは悪い行いを止め善い行いに励むこと、②定とは心を揺るぎなく定めて瞑想すること、③慧とは真理を覚知する智慧をいう。

(99)「律」は出家教団の規則のこと。初期仏教以来、大乗仏教を含め、正式な出家者(男性は比丘、女性は比丘尼)になるためには、出家教団の規則(律)を、所定の方式に基づいて受持することが必要とされる。四分律では、比丘は二百五十戒、比丘尼は三百四十八戒を数える。

(100) 大乗仏教の菩薩としての戒を説く代表的な経典。

(101) 『梵網経』そのものは、天台宗の教判では『法華経』よりも劣るものであるが、日本の天台宗では、これを『法華経』と同様の円教（完全な教え）の戒とする解釈が行われ、日蓮大聖人も基本的にはその解釈を踏まえられた。

(102) 「法華経の円頓の別受戒を叡山に建立せしかば、延暦円頓の別受戒は日本第一たるのみならず、仏の滅後一千八百余年が間、身毒・尸那・一閻浮提にいまだなかりし霊山の大戒、日本国に始まる。されば、伝教大師は、その功を論ずれば、竜樹・天親にもこえ天台・妙楽にも勝れておわします聖人なり」（「撰時抄」、御書一七一〜一七二ページ）を参照。

(103) 「彼の円戒も、迹門の大戒なれば、今の時の機にあらず。かたがた叶うべきことにはあらず」（「下山御消息」、御書三〇〇ページ）を参照。

(104) 「此の経は持ち難し　若し暫くも持たば　我は即ち歓喜す　諸仏も亦然なり　是くの如きの人は　諸仏の歎めたまう所なり　是は則ち勇猛なり　是は則ち精進なり　是を戒を持ち　頭陀を行ずる者と名づく」（法華経三九三〜三九四ページ）。

(105) 「当に知るべし、是の人は自ら清浄の業報を捨てて、我滅度して後に於いて、衆生を愍れむが故に、悪世に生まれて、広く此の経を演ぶ。若し是の善男子・善女人、我滅度して後、能く竊かに一人の為にも、法華経の乃至一句を説かば、当に知るべし、是の人は則ち如来の使にして、如来に遣わされて、如来の事を行ず」（法華経三五七ページ）を参照。

(106) 写本によっては「したし父母也」とするが、古くから「主師父母也」「しうし父母なり」とする写本も確認されている。本文に引用するように「撰時抄」にも類文があるので、この箇所を

「しゅうし父母（しゅうし父母）」とすることには妥当性があるといえる。

(107) 「釈尊は、我らがためには賢父たる上、明師なり、聖主なり。一身に三徳を備え給える仏」（「下山御消息」、御書二七八㌻）、「教主釈尊は日本国の一切衆生の父母なり、師匠なり、主君なり」（「頼基陳状」、御書一五七八㌻）、「釈迦如来は我ら衆生には親なり師なり主なり」（「南条兵衛七郎殿御書」、御書一八二五㌻）、「釈迦仏独り主師親の三義をかね給えり」（「祈禱抄」、御書五九一㌻）等を参照。

(108) 日蓮正宗の教学では、「御本仏」という表現には、日蓮大聖人が根本の仏であり、久遠実成の釈尊も、その仮現（垂迹）であるという含意があるが、創価学会では、「末法という現在において現実に人々を救う教えを説いた仏」という意味で、大聖人を「末法の御本仏」と尊称する。

(109) 普通の人間。煩悩・業・苦に束縛され、迷いの世界で生死を繰り返す者。

(110) 天台大師智顗がいう仏教用語の「心」は、精神的・機能的側面だけでなく身体的・物質的側面も含むもので全人的であるため、創価学会では一般の現代人が理解しやすいように「生命」という言葉を用いて表現することが多い。

(111) 大正四六、五四上五～一八を参照。

(112) 『法華経』法師功徳品第十九の「是の清浄の耳を以て、三千大千世界の下阿鼻地獄に至り、上有頂に至る、其の中の内外の種種の所有語言の音声、（中略）天声・（中略）阿修羅声・（中略）地獄声・畜生声・餓鬼声・（中略）声聞声・辟支仏声・菩薩声・仏声を聞かん」（法華経五二九～五三〇㌻）を参照。その他、『華厳経』（六十巻本）巻第二十七、十地品（大正九、五七二上二～一四）、『大智度論』巻第二十七（大正二五、二五七下二七～二五八中六）を参照。

(113)『大智度論』巻第四十七、「能く一切世間の三昧を照らす者は是の三昧を得るが故に、能く三種の世間を照らす。衆生の世間、住処世間、五衆世間なり」（大正二五、四〇二上二一～二四）、同巻第七十、「世間に三種有り。一には五衆世間なり。二には衆生世間なり。三には国土世間なり」（同前、五四六中二九～下二）を参照。「五衆世間」は五陰世間、「住処世間」は国土世間の異訳である。

(114) 四土の分類・解釈は宗派・教団によって異なるが、天台宗では、①凡聖同居土（人・天などの凡夫も声聞・縁覚・菩薩・仏の聖者もともに住む国土）、②方便有余土（見思惑を断じたが、まだ塵沙・無明惑を残す二乗や菩薩が住む国土）、③実報無障礙土（別教の初地以上、円教の初住以上の菩薩が住む国土）、④常寂光土（法身・般若・解脱の三徳を具え涅槃を得た仏が住む国土）の四つとする。

(115) 九界を迷いの境地として厭い、煩悩を断ち切り、九界を離れてこそ成仏できるという考え。

(116)『止観輔行伝弘決』巻第五の三（大正四六、二九五下二三～二四）を参照。

(117)「能化の竜女に歴劫の行無く、所化の衆生も歴劫の行無し。能化・所化ともに歴劫無し。妙法経力もて即身成仏す」（『法華秀句』巻下、『伝教大師全集』第三巻〈世界聖典刊行協会〉、二六五～二六六㌻）。なお、伝教大師は三生成仏までを即身成仏としたが、日蓮大聖人は一生成仏を強調された。

(118)「法華経題目抄（妙の三義の事）」では、「天台大師、御入滅二百余年と申せしに、この国に生まれて伝教大師となのらせ給いて、秀句と申す書を造り給いしに、『能化・所化ともに歴劫無し。妙法経力もて即身成仏す』と、竜女が成仏を定め置き給いたり」（御書五四二㌻）と、『法華秀句』を引用して、竜女の即身成仏に言及されている。

(119)「広・略・要」について、「法華経題目抄(妙の三義の事)」では、「一部八巻二十八品を受持・読誦し、随喜・護持等するは広なり。方便品・寿量品等を受持し、乃至護持するは略なり。ただ一四句偈、乃至題目ばかりを唱え、となうる者を護持するは要なり」(御書五三四〜五三五ジペー)と述べ、『法華経』の受持・読誦等を「広」とし、方便品・寿量品の受持・読誦等を「略」とし、「南無妙法蓮華経」の唱題を「要」とされている。

(120)仏教語としての「宿命(しゅくみょう)」は過去世の生の意であるが、ここでは一般的な「宿命(しゅくめい。変えることが難しい人生行路)」の意。

(121)「人間革命」という言葉は、戦前から散見されるが、とくに第二次世界大戦後、マルクス主義などの主張する社会革命・政治革命と対比するかたちで、人間性そのものの向上・変革を意味するものとして主張されるようになった。直接には、東京大学総長であった南原繁が用いたものを、戸田先生が創価学会の実践を示すものとして活用し、自身の体験に基づく小説『人間革命』を著した。

(122)「我々は国家を大善に導かねばならない。敵前上陸も同じである。数千人の説教中に一人も残らないような従来の教化運動とは異なり、十年前はただ一人だった同志が、このように繁栄したのは全く信仰の基礎に立ち、現証を示し合えばこそである。ここまで来たのをもって察するに、今後ともに家庭を救い社会を救い、そうして広宣流布に到るまでの御奉公の一端も出来ると信ずるのであります。お互いはこの大事な使命を帯びていれば、自分本位でなく、利用するのでなく、いかなる時にも、この選ばれた大善人である事を自覚して精進せんことを誓わねばならぬと信じます」(『牧口常三郎全集』第十巻〈第三文明社〉、一四七〜一四八ジペー)を参照。

(123) 『牧口常三郎全集』第五巻（第三文明社）、三五六ページ。

(124) 「わたくし自身の思想を述べますならば、わたくしは、共産主義やアメリカ主義では絶対ありません。東洋民族、結局は地球民族主義であります」（『戸田城聖全集』第三巻〈聖教新聞社〉、四六〇ページ〈一九五二年二月十七日、青年部研究発表会での挨拶〉）を参照。

(125) 「諸君らに今後、遺訓すべき第一のものを、本日は発表いたします。（中略）今、世に騒がれている核実験、原水爆実験にたいする私の態度を、本日、はっきりと声明したいと思うものであります。いやしくも私の弟子であるならば、私のきょうの声明を継いで、全世界にこの意味を浸透させてもらいたいと思うのであります。それは、核あるいは原子爆弾の実験禁止運動が、今、世界に起こっているが、私はその奥に隠されているところの爪をもぎ取りたいと思う。それは、もし原水爆を、いずこの国であろうと、それが勝っても負けても、それを使用したものは、ことごとく死刑にすべきであるということを主張するものであります。なぜかならば、われわれ世界の民衆は、生存の権利をもっております。その権利をおびやかすものは、これ魔ものであり、サタンであり、怪物であります。それを、この人間社会、たとえ一国が原子爆弾を使って勝ったとしても、勝者でも、それを使用したものは、ことごとく死刑にされねばならんということを、私は主張するものであります。たとえ、ある国が原子爆弾を用いて世界を征服しようとも、その民族、それを使用したものは悪魔であり、魔ものであるという思想を全世界に広めることこそ、全日本青年男女の使命であると信ずるものであります」（『戸田城聖全集』第四巻〈聖教新聞社〉、五六四～五六五ページ〈一九五七年九月八日、第四回東日本体育大会での挨拶〉）を参照。

(126) 『新・人間革命』第二十九巻（聖教ワイド文庫〈聖教新聞社〉）、二六九ページ。

(127) 例えば、『涅槃経』（南本）巻第十一、聖行品には、「復た是の念を作さく、『居家の逼迫せらるるは、猶お牢獄の如く、一切の煩悩は之れに由りて生ず。出家の閑曠なるは、猶お虚空の如く、一切の善法は之れに因りて増長す。若し家に在りて居り、寿を尽くすまで、浄く梵行を修むることを得ずば、我れは今、応当《まさ》に鬢髪《ひんぱつ》を剃除して、出家し道を学ぶべし』と」（大正一二、六七三下六〜九）とあり、在家は煩悩が生じて清らかな修行ができないので出家すべきであることが説かれている。

(128) 「中務三郎左衛門尉殿は法華経の行者なり」（「可延定業書」、御書一三〇八ジペー）、「えもんのたゆうの志殿は今度、法華経の行者になり候わんずらん」（「兵衛志殿御返事（三障四魔の事）」、御書一四八七ジペー）、「殿は法華経の行者にさせ給えり」（「上野殿御返事（梵帝御計らいの事）」、御書一八六六ジペー）を参照。

(129) 「日本第一の法華経の行者の女人なり」（「日妙聖人御書」、御書一六八三ジペー）、「法華経の行者なり。非業の死にはあるべからず」（「富木尼御前御返事」、御書一三一六ジペー）、「妙法聖霊は法華経の行者なり」（「四条金吾殿御書」、御書一五一五ジペー）、「今の光日上人は子を思うあまりに法華経の行者と成り給う」（「光日上人御返事」、御書一二六七ジペー）を参照。

(130) 「去ぬる建長五年太歳癸丑四月二十八日に、安房国長狭郡の内、東条郷、今は郡なり。天照太神の御くりや、右大将家の立て始め給いし日本第二のみくりや、今は日本第一なり。この郡の内、清澄寺と申す寺の諸仏坊の持仏堂の南面にして、午時にこの法門申しはじめて、今に二十七年、弘安二年太歳己卯なり。仏は四十余年、天台大師は三十余年、伝教大師は二十余年に出世の本懐を遂げ給う。その中の大難申すばかりなし。先々に申すがごとし。余は二十七年なり。その間の大難は、各々かつしろしめせり」（「聖人御難事」、御書一六一八ジペー）を参照。

(131) 『牧口常三郎全集』第十巻（第三文明社）、一五三〜一五四ジペー。

（132）『牧口常三郎全集』第十巻（第三文明社）、一五一～一五二ページ。

（133）「日興遺誡置文」の一節（御書一一九六ページ）。引用の表記は『日蓮大聖人御書全集』（一六一八ページ）による。

（134）『戸田城聖全集』第三巻（聖教新聞社）、一〇六～一〇七ページ。引用文中の（　）は編集上の補い。

（135）『牧口常三郎全集』第十巻（第三文明社）、三〇〇～三〇一ページ。

（136）『戸田城聖全集』第一巻（聖教新聞社）、六ページ。

（137）戸田先生の時代、「聖教新聞」のコラム「寸鉄」では、しばしば僧侶の堕落が指摘されている。

（138）その後の池田先生の尽力もあり、一九九一年六月に宗門が一方的に拒絶するまでの三十九年間で、延べ七千万人もの創価学会員が参加した。

（139）『戸田城聖全集』第三巻（聖教新聞社）、一二五ページ（一九五一年八月十日、「創価学会の歴史と確信」）。

（140）『戸田城聖全集』第三巻（聖教新聞社）、四七六ページ（「聖教新聞」一九五二年四月二十日付）。

（141）一九六九年、創価学会の批判書を出版することを公表した評論家・藤原弘達に対して、学会の幹部が事実に基づく執筆を要望した。それを藤原は言論弾圧と批判し、翌一九七〇年になると、一部の政党やマスコミなどが執拗に創価学会の批判を繰り返した。

（142）「宗祖開山出世ノ大事タル王仏冥合、一天広布国立戒壇等ノ完成ヲ待タンノミ」（『日蓮正宗綱要』、九三ページ）を参照。

(143)「大白蓮華」一九七七年三月号、一二二ジペー。

(144)この宗規変更では、信徒処罰条項第二二九条を大幅に拡大し、「言論、文書等をもって、管長を批判し、または誹毀、讒謗した」(二二九条第五号)信徒は処分することができるとした。信徒に関する内容であるにもかかわらず、創価学会に事前通告を一切せずに一方的に変更されたのである。

(145)法華講は、日蓮正宗に属する在家信徒の団体のこと。この時点では創価学会も法華講の一つという位置づけであり、池田先生は法華講諸団体全体の長(総講頭)という役職に任命されていた。

(146)一六六五〜一七二六年。大石寺第二十六代座主。江戸時代中期にあって教学の整備・振興に尽力した。

(147)「就中弘安二年の本門戒壇の御本尊は、究竟中の究竟、本懐の中の本懐なり。既にこれ三大秘法の随一なり。況や一閻浮提総体の本尊なる故なり」(「観心本尊抄文段」『日寛上人文段集』〈聖教新聞社〉、四五二ジペー)、「問う、当門流に於ては総体・別体の名目、これを立つべからざるや。答う、若しその名を借りて以てその義を明かさば、本門戒壇の本尊は応にこれ総体の本尊なるべし。これ則ち一閻浮提の一切衆生の本尊なるが故なり。自余の本尊は応にこれ別体の本尊なるべし。これ則ち面々各々の本尊なるが故なり」(同、五〇一〜五〇二ジペー)等を参照。

(148)「三大秘法を合する則は但一大秘法の本門の本尊と成るなり。故に本門戒壇の本尊を亦三大秘法惣在の本尊と名づくるなり」(「依義判文抄」『六巻抄』〈聖教新聞社〉、一一八ジペー)を参照。なお、御書に「一大秘法」を教示されているのは「曽谷入道殿許御書」のみであるが、そこでは「妙法蓮華経の五字」(御書一三九九ジペー)を一大秘法としている。

(149)「一には本門の戒壇文。本門の戒壇に事有り、理有り。理は謂く、道理なり。また義の戒壇と名づく。謂く、戒壇の本尊を書写してこれを掛け奉る処の山々、寺々、家々は皆これ道理の戒壇なり」(「報恩抄文段」『日寛上人文段集』〈聖教新聞社〉、四三六ジベー)を参照。

(150)中村元訳『原始仏典Ⅱ　相応部経典第一巻』(春秋社)。引用文中の( )は編集上の補い。

(151)『牧口常三郎全集』第六巻(第三文明社)、六九ジベー。

(152)『戸田城聖全集』第四巻(聖教新聞社)、九八ジベー(一九五三年十一月、第九回総会での挨拶)。

(153)池田先生が「創価学会仏」という概念に初めて言及したのは、一九六二年八月七日に行われた「生死一大事血脈抄講義」においてであり、「戸田先生は『創価学会仏、創価学会仏』ということを、ちょっとおもらしになったことがあります。この和合教団は、創価学会仏として、その生命体なのです」(「大白蓮華」一九六二年九月号、一七ジベー)と語っている。この講義は『会長講演集』第八巻(創価学会、一九六三年)にも収録されている(「創価学会仏」への言及は二九九〜三〇〇ジベー)。また、「聖教新聞」一九六二年十月十八日付の「池田会長を囲む座談会」で、池田先生は「戸田先生がひとことお話しになりました。たとえば、こういう大勢の学会人がいても、将来、将来といっても、これはいつのことになるかわかりませんけれども、経文が、また仏が出て説かれるときには『創価学会仏』という仏の名前で出ると。威音王仏といろいろあるでしょう。そういう立場で『創価学会仏』という仏になるというそういう意味の、先生のおおせらしいのです」と語っている。この発言は『巻頭言・講義集』第三巻(創価学会、一九六四年)にも収録されている(「創価学会仏」への言及は九六ジベー)。

(154)「我は常に此の娑婆世界に在って、説法教化す」と訓読する。

(155)『人間革命』第十二巻（聖教ワイド文庫〈聖教新聞社〉）、二五三ページ。

(156)身延期に著された「衆生身心御書」でも、「教法流布の先後」の代わりに、「ひろむる人」（御書二〇四一ページ）が提示されている。

(157)写本によっては、「常不軽品のごとし」の文が欠落しているものもあるが、古くから「如常不軽品」「常不軽品ノコトシ」とする写本も確認されている。本文に引用するように、「唱法華題目抄」では、折伏と常不軽菩薩品について、「不軽品には謗ずともただ強いてこれを説くべしと見え侍り」（御書二〇ページ）と、関連して述べられている。

(158)『法華文句』巻第十上（大正三四、一四一上二九〜中一）を参照。

(159)『法華文句記』巻第九下（大正三四、三三五上六）を参照。

(160)『御書の世界』（『池田大作全集』第三十二巻〈聖教新聞社〉、九三〜九四ページ）。

(161)『法華経の智慧』（『池田大作全集』第三十巻〈聖教新聞社〉、一一〇ページ）。引用文中の（　）は編集上の補い。

付録

一、「創価学会会憲」抜粋（二〇一七年十一月十八日施行）

釈尊に始まる仏教は、大乗仏教の真髄である法華経において、一切衆生を救う教えとして示された。末法の御本仏日蓮大聖人は、法華経の肝心であり、根本の法である南無妙法蓮華経を三大秘法として具現し、未来永遠にわたる人類救済の法を確立するとともに、世界広宣流布を御遺命された。

初代会長牧口常三郎先生と不二の弟子である第二代会長戸田城聖先生は、一九三〇年十一月十八日に創価学会を創立された。創価学会は、大聖人の御遺命である世界広宣流布を唯一実現しゆく仏意仏勅の正統な教団である。日蓮大聖人の曠大なる慈悲を体し、末法の娑婆世界において大法を弘通しているのは創価学会しかない。ゆえに戸田先生は、未来の経典に「創価学会仏」と記されるであろうと断言されたのである。

牧口先生は、不思議の縁により大聖人の仏法に帰依され、仏法が生活法であり価値創造の源泉であることを覚知され、戸田先生とともに広宣流布の実践として折伏を開始された。第二次世界大戦中、国家神道を奉ずる軍部政府に対して国家諫暁を叫ばれ、その結果、弾圧・投獄され、獄中にて逝去された。牧口先生は、「死身弘法」の精神をご自身の殉教によって後世に遺されたのである。

戸田先生は、牧口先生とともに投獄され、獄中において「仏とは生命なり」「我、地涌の菩薩なり」との悟達を得られた。戦後、創価学会の再建に着手され、人間革命の理念を掲げて、生命論の立場から、大聖人の仏法を現代に蘇生させる実践を開始された。会長就任に当たり、広宣流布は創価学会が断じて成就するとの誓願を立てられ、「法華弘通のはたじるし」として、「大法弘通慈折広宣流布大願成就」「創価学会常住」の御本尊を学会本部に御安置され、本格的な広宣流布の戦いを展開された。戸田先生は、七十五万世帯の願業を達成されて、日本における広宣流布の基盤を確立された。

第三代会長池田大作先生は、戸田先生の不二の弟子として、広宣流布の指揮をとることを宣言され、怒濤の前進を開始された。

日本においては、未曽有の弘教拡大を成し遂げられ、広宣流布の使命に目覚めた民衆勢力を築き上げられた。とともに、牧口先生と戸田先生の御構想をすべて実現されて、大聖人の仏法の理念を基調とした平和・文化・教育の運動を多角的かつ広汎に展開し、社会のあらゆる分野に一大潮流を起こし、創価思想によって時代と社会をリードして、広宣流布を現実のものとされた。

会長就任直後から、全世界を駆け巡り、妙法の種を蒔き、人材を育てられて、世界広宣流布の礎を築かれ、一九七五年一月二十六日には、世界各国・地域の団体からなる創価学会の国際的機構として創価学会インタナショナル（SGI）を設立された。それとともに、世界においても仏法の理念を基調として、識者との対談、大学での講演、平和提言などにより、人類普遍のヒューマニズムの哲学を探求され、平和のための善の連帯を築かれた。池田先生は、仏教史上初めて世界広宣流布の大道を開かれたのである。

牧口先生、戸田先生、池田先生の「三代会長」は、大聖人の御遺命である世界広宣流布を実現する使命を担って出現された広宣流布の永遠の師匠である。「三代会長」に貫かれた「師弟不二」の精神と「死身弘法」の実践こそ「学会精神」であり、創価学会の不変の規範である。日本に発して、今や全世界に広がる創価学会は、すべてこの「学会精神」を体現したものである。

池田先生は、戸田先生も広宣流布の指揮をとられた、「三代会長」の師弟の魂魄を留める不変の根源の地である信濃町に、創価学会の信仰の中心道場の建立を発願され、その大殿堂を「広宣流布大誓堂」と命名された。

二〇一三年十一月五日、池田先生は、「大誓堂」の落慶入仏式を執り行われ、「広宣流布の御本尊」を御安置され、末法万年にわたる世界広宣流布の大願をご祈念されて、全世界の池田門下に未来にわたる世界広宣流布の誓願の範を示された。

世界の会員は、国籍や老若男女を問わず、「大誓堂」に集い来り、永遠の師匠である「三代会長」と心を合わせ、民衆の幸福と繁栄、世界平和、自身の人間革命を祈り、ともどもに世界広宣流布を誓願する。

池田先生は、創価学会の本地と使命を「日蓮世界宗創価学会」と揮毫されて、創価学会が日蓮大聖人の仏法を唯一世界に広宣流布しゆく仏意仏勅の教団であることを明示された。そして、二十三世紀までの世界広宣流布を展望されるとともに、信濃町を「世界総本部」とする壮大な構想を示され、その実現を代々の会長を中心とする世界の弟子に託された。

創価学会は、「三代会長」を広宣流布の永遠の師匠と仰ぎ、異体同心の信心をもって、池田先生が示された未来と世界にわたる大構想に基づき、世界広宣流布の大願を成就しゆくものである。

第一章　総則
（名　称）
第一条　この会は、「創価学会」という。
（教　義）
第二条　この会は、日蓮大聖人を末法の御本仏と仰ぎ、根本の法である南無妙法蓮華経を具現された三大秘法を信じ、御本尊に自行化他にわたる題目を唱え、御書根本に、各人が人間革命を成就し、日蓮大聖人の御遺命である世界広宣流布を実現することを大願とする。

（三代会長）

第三条　初代会長牧口常三郎先生、第二代会長戸田城聖先生、第三代会長池田大作先生の「三代会長」は、広宣流布実現への死身弘法の体現者であり、この会の広宣流布の永遠の師匠である。

二．「三代会長」の敬称は、「先生」とする。

（目　的）

第四条　この会は、日蓮大聖人の仏法の本義に基づき、弘教および儀式行事を行い、会員の信心の深化、確立をはかることにより、各人が人間革命を成就するとともに、日蓮大聖人の仏法を世界に広宣流布し、もってそれを基調とする世界平和の実現および人類文化の向上に貢献することを目的とする。

（構　成）

第五条　この会は、「三代会長」を広宣流布の永遠の師匠と仰ぎ、第二条の教義および前条の目的を同じくする世界各国・地域の団体（以下「構成団体」という。）および会員をもって構成する。

（以下、略）

二、「創価学会社会憲章」（二〇二一年十一月十八日施行）

我ら、全世界の創価学会の各組織及び会員は、仏法の生命尊厳観を基調に平和・文化・教育に貢献するとの目的と使命を共有する。

今日、人類はいくつもの複合的な危機に直面している。人類が生存し発展しゆくためには、我々人間はあらゆる生命と密接な関係にあるとの自覚のもとで結束し、協力すべきである。それには全ての人の貢献が必要であり、また誰一人置き去りにされてはならない。

日蓮仏法は、我々一人一人が智慧、勇気、慈悲という無限の可能性を、日々の生活の中に発現しゆく方途を示している。ゆえに我々が目指すべきは、未来の世代のために、人類が直面する難題に果敢に挑戦し、より公正で持続可能な世界を構築しゆく人材の育成である。

我ら、創価学会は、「世界市民の理念」「積極的寛容の精神」「人間の尊厳の尊重」を高く掲げる。そして、非暴力と〝平和の文化〟に立脚し、人類が直面する脅威に挑みゆくことを決意して、ここに以下の「目的及び行動規範」を確認し、本憲章を制定する。

〈目的及び行動規範〉

一、創価学会は、仏法の生命尊厳観を基調に、平和・文化・教育に貢献する。

二、創価学会は、草の根の対話と交流を通して日蓮仏法への理解を促進し、一人一人の幸福の実現に貢献する。

三、創価学会は、思想、良心、信教の自由を尊重し、これを促進する。

四、創価学会は、仏法の寛容の精神に基づき、他の宗教的伝統や哲学を尊重して、人類が直面する根本的な課題の解決について対話し、協力していく。

五、創価学会は、各地の文化・風習、各組織の主体性を尊重する。各組織はそれぞれの国、または地域の法令を遵守して活動を推進し、良き市民として社会に貢献する。

六、創価学会は、平和を求め、核兵器なき世界の実現に尽力する。また、公正で持続可能な開発に貢献する。

七、創価学会は、人権を擁護し促進する。誰一人差別せず、あらゆる形態の差別に対し反対する。また、ジェンダー平等の実現と女性のエンパワーメントの推進に貢献する。

八、創価学会は、文化の多様性を尊重し、文化間交流に貢献し、世界の人々の相互理解と協調を促進する。

九、創価学会は、持続可能な世界を未来世代に残すために、気候危機に対処するとともに、地球上の生態系の保護に努める。

十、創価学会は、教育・学習・学問の向上を促進するとともに、あらゆる人々が人格を陶冶し、貢献的で幸福な人生を享受することを目指す。

語句索引

※対象語句の理解に役立つ主なページ数を取り上げた。

あ

か

さ

た

な

は

ま

ら

わ

創価学会教学要綱

二〇二三年十一月十八日　発行
二〇二四年　二　月　十　日　第三刷

監　修　池田大作
編　者　『創価学会教学要綱』刊行委員会
発行者　原田　稔
発行所　創価学会
東京都新宿区信濃町三二番地
印刷所　精興社
製本所　牧製本印刷株式会社

＊定価はカバーに表示してあります

ISBN 978-4-412-01702-3

落丁・乱丁本はお取りかえいたします